KB143763

사람의 일
고양이의 일

사람의 일
고양이의 일

방배동 고양이 일가를 쫓다

단단 지음

마티

1.

"무슨 일 하세요?"

　사람들은 이런 질문을 받는다면 대부분 자신의
직업을 말할 것이다. 일이라는 단어가 직업과 같은 의미로
통용되기 때문일 텐데, 일이 곧 직업은 아니다. 나의 직업은
시각예술가지만 예술작품만 만들며 살지는 않는다.
일과 직업 모두 의도를 가진 활동이지만, 한 가지 목적에
전념하는 경제 활동이 직업이라면, 일은 살아가는 데 필요한
모든 활동을 아우른다. 한 사람의 사고방식, 철학, 가치관에
따라 하는 일과 그 방식은 제각각일 것이다.

"무슨 일 하세요?"

　이 질문에 답할 차례다. 나는 고양이 돌보는 일을
한다. 어느 날 우연히 마주친 고양이에게 밥을 주면서
시작된 일. 직업은 아니지만 7년째 전심전력을 다하고 있는
일이다. 하다 보니 이 일이 마음에 들었고, 시간이 지날수록
호기심과 즐거움이 커져서 계속하고 있다. 이렇게 말하면

사람들은 내게 '캣맘'이냐고 묻는다. 길고양이 돌보는
사람을 일컫는 말이나 그 역할을 여성, 엄마로 한정하여
쓰는 것에 동의하기 어려워 한동안은 선뜻 답하지 못했지만,
한편으로는 가족 구성의 조건이 종과 혈연이 아님을
보여주는 말인지라 때에 따라 적극적으로 사용했다. 하지만
고양이에게 밥 주는 모습만을 떠올리며 협소하게 이해하는
시선이 답답했다. 갈수록 심해지는 고양이와 캣맘에 대한
혐오는 나를 움츠리게 했다. 이런 이유로 언젠가부터 무슨
일을 하느냐는 질문을 받으면 이 일에 대해 조금 길게
설명하기 시작했다. 당연히 '사람의 일'만 말할 순 없었다.
내 일을 설명하려면 먼저 고양이의 이야기를 해야 했다.
다 아는 것 같지만 사실은 잘 모르는 고양이의 일을.

고양이는 무슨 일을 할까? 일이 직업을 넘어서는 모든
활동의 총체라면 이 질문의 답은 좀 뻔하다. 일 안 하는
생명은 없으므로. 고양이의 일도 사람과 다를 바 없다.
먹이를 구하고, 안전한 보금자리를 찾고, 자식을 갖고,
자식을 돌본다. 사람이 '일' 하면 제일 먼저 떠올리는
활동들은 아니지만, 사실은 사람도 고양이도 오랜 시간
이 일을 자연스럽고 당연하게 받아들이며 해왔고 여전히
하고 있다. 나는 우연히 마주친 고양이 가족을 지켜보며,
고양이의 일 역시 사람만큼 지난하고 복잡하고 다양한
방식으로 벌어진다는 것을 알았다.

2

나는 30년 넘게 한 동네에서, 한 집에서 살았다. 내가 사는
곳이 나의 고향이자 터전이었다. 내 유년기와 청소년기와
청춘이, 삶의 고비마다 찾아온 질척이는 시간과 소소하면서
행복한 시간이 우리 동네, 우리 집 곳곳에 빼곡히 들어차
있었다. 집이 사는 곳이 아니라 부를 축적하는 수단이
되어버린 서울에서, 생의 많은 주기를 한 집에서 보낸
토박이의 삶은 남다른 자랑거리였다.

1980년대 개발 붐이 일던 시기, 방배동의 어느
산자락을 절토하여 계단식 평지로 만든 부지에 붉은 벽돌의
주택들이 들어서기 시작했다. 우리 집은 그 산등성이
중간쯤과 동네의 경계에 있었는데, 집 뒤편에는 산을 대충
깎은 흔적이 고스란히 남아 있었다. 얼마나 계획 없이
부지를 조성했는지 산으로 남겨둬야 하는 곳을 무턱대고
절토하는 바람에 작은 건물 하나가 들어설 정도의 평지가
생겼고, 깎아낸 땅의 흙이 아래로 흘러내리는 것을 막기
위해 콘크리트 옹벽이 세워졌다. 산자락 비탈에 지어진
건물이 갖는 단차 덕분에 3층 건물의 2층에 사는 우리
집에서 창문을 열면 옹벽 위로 공터가 펼쳐졌고, 고양이들은
그 공터를 오가며 지냈다. 나와 눈이 마주치는 높이에서.
우리는 서로를 같은 눈높이에서 바라볼 수 있었다.

실수로 만들어진 공터에는 건물을 짓던 흔적이 남아

있었다. 그 땅이 공원부지임을 몰랐던 누군가가 세운 건물의
뼈대가 불법 건축이라는 오명과 함께 버려진 것이었다.
오랜 시간 방치되면서 건물에는 사람들이 내다버린 불법
폐기물이 잔뜩 쌓였고, 수상쩍은 사람들이 들락거리면서
우범지대로 낙인찍혔다. 보다 못한 주민들이 민원을 넣었다.
구청에서는 최소한의 비용을 들여 건물을 때려 부수고
그 지하 공간에 잔해들을 대강 매립한 뒤 다시 방치했다.
언젠가부터 동네 주민들이 공터의 자투리땅에 텃밭을
일궜다. 건물 잔해와 쓰레기와 텃밭이 한데 어우러진 채
30년이 흘렀다. 창문만 열면 지척에 보이는데도 나와는
무관하다고 생각했다. 종종 불편한 일이 발생했지만, 불편을
적극적으로 해소하지는 않았다. 무관심으로 일관했던
그 땅에 고양이 가족이 자신들의 터전을 마련하고서야
나는 내가 사는 동네에 관심을 갖게 되었다.

고양이를 만나지 않았다면 보이지 않았을 세상의
어떤 모습이 고양이로 인해 보이기 시작했다. 고양이도
보이고 나무도 보이고 몰랐던 잡초의 이름도 알게 되었다.
고양이는 날아다니는 새를 보면서 사냥감이라는 생각
이전에 동경하는 마음을 먼저 품었다는 것도 알게 되었다.
새는 고양이가 자신에게 다가오는 것을 모른 척하다가
슬금슬금 도망가며 약을 올린다는 것도. 사람들이
비료가 되라며 땅에 내버리는 음식물은 토양과 대기를
오염시키는 쓰레기에 지나지 않다는 것과 도심 속 공원이

도시 생태계를 이루는 중요한 보고라는 사실도 알게
되었다. 우연과 호기심과 의구심과 미안함이 섞여 들면서
다른 존재가 보이기 시작했고, 함께 살아가기 위해 뭐라도
해보겠다며 두 팔을 걷어붙였다. 그렇게 움직이기 시작하자
'인간'이라는 말의 의미가 좁다는 생각이 들었다. 세상에
사람만 살고 있는 것이 아닌데, 사람의 일, 사람의 관계,
사람(人)의 사이(間)만을 뜻하다니 이상하지 않은가. 사람
옆에 고양이만 있어도 해야 하는 일이 제법 달라지는데
말이다. '살다'라는 동사에서 출발했다는 '사람'이란 단어는
또 어떤가. 살아있는 존재가 사람만이 아닌데, 세상 모든
생명체는 다 살아있는데 어쩌다 '사람'만을 가리키는 단어가
되었을까. 나는 이 단어를 확장해보고 싶었다. 사람은
살아있는 것들 '사이'에 있는 존재라고. 인간과 비인간 동물
사이를 가르는 구획선이 아니라 그 사이에서 함께 살아가는
일을 궁리하는 존재라고 말이다.

3.

고양이를 살피다 보면 자꾸만 궁금한 것이 생겼다. 아픈
고양이를 병원에 데려가도 될지, 포획해서 중성화수술을
시켜야 할지, 왜 사이가 안 좋던 고양이들이 갑자기 친하게
지내는지, 어미고양이는 왜 도움을 청하는 새끼고양이를

내버려두는지, 질문이 쏟아지는데 도움이 될 만한 책이나 자료를 찾는 것은 쉽지 않았다. 구할 수 있는 정보들은 내가 지켜본 고양이의 행동을 충분히 설명해주지 못했다. 그래서 고양이들 사이에서 벌어지는 크고 작은 사건과 움직임과 소리 들을 세세히 기록했고, 그 관찰과 기록을 토대로 행동의 동기를 이해해보려고 노력했다.

그런 시간들이 쌓이자 어느 순간부터 고양이들의 감정과 행동의 속내가 조금씩 읽혔다. 이상했다. 인간과 비인간 동물을 엄격하게 구분하는 세계에 머물던 내가 고양이들의 행동 양식을 지나치게 의인화하고 있는 건 아닐까 의심됐다. 동물 행동 연구자들이 가장 경계하는 태도도 의인화였다. 그런데 의인화를 피하는 것이 가능한 일일까? 인간인 나는 어쩔 수 없이 내가 쌓아온 경험과 지식에 기반해서 비인간 동물을 읽어낼 수밖에 없었다. 오히려 나도 동물이라는 사실을 다시금 깊이 인정하는 데서 시작하기로 했다. 지구에서 살아가는 동물로서 다른 동물과의 공통성을 찾아 그 이야기를 전하고 싶었다. 우리는 이렇게나 비슷해서 놀랍다고. 다르다고 열등하게 취급하거나 배척하는 대신 달라서 알지 못하는 점에 대해 상상하면서 이해의 폭을 넓혀나가자고 말하고 싶었다.

4

이 책에는 고양이 3대 일가의 이야기가 담겨 있다. 849일간
고양이들을 쫓아가며 그들이 겪은 일들을 기록했다.
고양이의 일과 교차되는 사람의 일은 주로 내가 개입하면서
벌어진 사건들이다. 고양이들 사이에서, 사람과 사람
사이에서, 고양이와 사람 사이에서 일어난 일들, 고민과
성찰을 썼다.

　　고양이와 사람 사이에서 일어난 일들을 어떻게
풀어내야 할까, 이 글을 쓰면서 의인화의 덫 다음으로
고민이 많았던 부분이다. 차이가 차별이나 착취의 이유가
되지 않고, 강한 쪽이 그렇지 않은 쪽의 우위에 서지 않는
관계는 어떤 모습이어야 할까. 난항을 벗어나지 못할
때마다 옥타비아 버틀러의 소설을 읽었다. 인간이 자기보다
월등히 뛰어난 존재와 만나면서 공생과 착취 사이를
아슬아슬하게 오가는 모습을 보여주는 그의 소설에서
나와 다른 존재를 상상하는 법, 외계인이나 흡혈귀 같은
비인간 존재와 관계 맺는 법을 배웠다. 불균형한 관계에서
서로를 이해하고 배려하고 존중하는 태도에 대한 힌트를
얻었지만, 나와 고양이의 분명한 차이를 인식하고 고양이를
약하고 미숙한 존재로 여기지 않으려는 노력에도 불구하고
균형을 잡는 일은 어려웠다. 때때로 내가 '선의'라 여긴
행동은 고양이에게 '폭력'이 되었다. 누구에게도 알리고

싶지 않은 부끄러운 행동도 이 책에 가감 없이 기록했는데,
그 이유는 하나다. 관계는 일방적인 것이 아니며, 이해와
배려와 존중은 호언과 다짐이 아니라 실수와 반성을 통해
만들어지는 것이기 때문이다. 내 글은 계속되는 고민과
실수와 반성이라는 비포장도로를 달리느라 들쑥날쑥하고
거칠다. 7년째 하고 있는 일이지만 매번 새로운 상황을
맞닥뜨린다. 그런 의미에서 늘 처음 하는 일이고, 또
여전히 내가 할 수 있는 일들을 찾아나가면서 고민하며 쓴
글이라는 점을 미리 밝혀둔다.

5.

고양이는 오랜 시간 사람과 함께 생활해왔다. 사람이 급속히
바뀌나간 환경에서 살아남았다. 살아가기 위해, 살아남기
위해 해야 할 일들을 하면서. 그 세세한 과정을 우리는 알지
못한다. 고양이도 사람처럼 개체마다 성격과 성향과 문제를
해결하는 방식이 다르지만, 우리는 모르고 산다.
　　고양이는 살기 위해 사람 곁으로 다가감으로써
가능성을 만들어냈다. 누군가가 고양이에게 기꺼이 손을
내밀었다면 그 사람 역시 가능성을 만들어낸 것이리라.
변화의 가능성, 함께 살아갈 수 있는 가능성 말이다. 하지만
캣맘의 일이 무엇이고 어떤 변화를 만들어내는지, 그 의미는

무엇인지 조금도 생각해보지 않고 '밥 주는 사람'이라는
편견에 가둔다면 사람의 일에 어떤 가능성이 생길까.
나는 가능성을 만들어나가는 일이 사람의 일이라 생각한다.
이 일은 아직 끝나지 않았고 여전히 계속되고 있지만,
잠시 나의 여정에 여러분을 초대하고 싶다. 내가 어떤 답을
줄 수 있어서 초대하는 것이 아니다. 혼자보다는 여럿일 때
좋은 답을 구할 수 있으리라 믿기 때문이다.

2022년 여름
단단

방배동 현장 1

① 내가 살던 빌라 뒤편, 산을 깎아 만든 공터에 불법으로 짓다 허문 건물 잔해가 30년 넘게 방치되었다. 사람이 접근하기 어려운 땅에 고양이 가족이 자리 잡았다. 고양이들은 매일 잔해 더미 위에 올라 보초를 섰다. (47쪽)

❷ 지하실 입구.
오직 고양이만 드나들 수
있는 곳. 비바람을 피할 수
있는 안전한 잠자리였다.
공터에 텃밭을 일구는
옆집 아주머니는
이 입구를 벽돌로 막았다.
(74쪽)

❸ 옆집 부분는 고양이들의 텃밭 출입을
막겠다고 나무 막대, 철근 콘크리트, 비닐
노끈으로 울타리를 쳤다. 점순은 아랑곳
않고 가뿐하게 울타리를 뛰어넘으며 놀았다.

방배동 현장 2

❶ 부엌 창문

❷ 내 방 창문. 사람보다 한참
아래에 있어 항상 내려다보던
고양이를 처음으로 같은
눈높이에서 마주쳤다. (7쪽)

❸ 창문 너머 공터에 자리 잡은 고양이 가족.
밥이 나오길 기다리는 흰눈, 점순, 애미.
멀찍이 떨어져서 자기 차례를 기다리는
고양이는 호시탐탐 밥자리를 노리는
잘생긴녀석이다. 사료 알갱이를 바닥에
떨어뜨리면 흙이 묻을까 봐 밥그릇과 물그릇
두는 자리에 널빤지를 깔았다. (36, 69쪽)

❹ 텃밭. 공터에 경작이 가능한 땅은 일부일 뿐이라 사람들은
봄이 오면 스티로폼 상자나 플라스틱 화분에 작물을 심었고,
가을걷이 후에는 그대로 내버렸다. (165쪽)

고양이 가족에게
먹이를 던져주다

고양이 가족을 마주한 것은 전적으로 우연이었다. 고양이를
처음 본 건 아니었지만, 그날 창밖의 아지랑이 피어오르는
풍경이 각박한 마음을 일렁이게 한 모양이었다. 내 방
창문으로 보이는 잡초가 무성한 공터에 어미고양이와
새끼고양이 두 마리가 행진하고 있었다. 이제 막 걸음마를
시작한 새끼들이 자신이 태어난 곳을 탐색하려는 듯
조심스럽게 아장아장 걷는 모습에 내 마음이 덩달아
아른아른 흔들렸다. 고양이 일가족을 보는 것은 처음이었다.
이렇게 말하고 부끄러움이 느껴지는 걸 보니, 처음은
무관심의 다른 표현이구나 싶다. 그렇다. 무관심. 고양이를
본 적이 없는 것도 아니고, 길바닥에 피 흘리며 죽어 있는
모습에 놀라기도 여러 번이었다. 그런데 단 한 번도 정확히
인식하지 못했다. 처참한 죽음을 보며 이유를 묻지 않았다.
내 일이 버겁고 나 살기 팍팍하다는 이유로 다른 삶에서

눈길을 거두었고 고개를 돌렸다.

그날, 그 고양이 가족이 내 앞에 나타났다. 이러나저러나 힘든 삶, 숨을 크게 내쉬며 마음을 좀 비워보자고 생각한 날이었다. 아니다. 고양이 가족의 사뿐거리는 발걸음에 내 마음이 일렁였고, 그래서 한숨을 돌려보자고 생각했는지도 모르겠다. 다른 삶이 보였는데, 마침 고양이 가족이었다.

두 팔을 흔들며 "야옹아" 하고 소리쳤다. 무성한 잡초 사이로 하얀 털과 검은 털이 섞인 얼룩무늬 고양이가 보였다. 소리에 반응한 건지 자신들을 부르는 공용어를 알아들은 건지, 어미고양이는 나를 쳐다봤다. 재빨리 냉장고를 뒤져 고기 몇 점을 창밖으로 던졌다. 고기는 포물선을 느리게 그리며 날아가 조용히 착륙했다. 그것이 먹이임을 알아챈 어미는 발걸음을 돌려 풀숲을 헤치며 킁킁 냄새를 맡더니 금세 고기를 찾아 입에 물고 자식들에게로 돌아갔다. 자신이 고기를 먹는가 싶더니 어금니로 잘근잘근 씹어 토막을 내 두 자식에게 나눠주었다.

대수롭지 않은 일이었다. 지나가는 고양이 가족을 보고 고기 몇 점 던져준 일이니까. 누구나 한 번쯤은 해봤음직한 일이니까. 사건이라고 말하기는 민망한데, 사람 일은 모르는 거다. 아니 세상일은 모르는 거다.

그날 이후로 종종 어미는 자식들과 우리 집 앞에

나타났고 그때마다 나와 내 가족은 그냥 지나치지 않고 먹이를 던져줬다. 한 번, 두 번 마주치는 횟수가 늘면서 새끼고양이 두 마리의 생김새를 구분하게 되었고, 하루가 다르게 성장하는 것을 보았다. 관계가 생긴다는 것은 이런 것이다. '고양이'라는 뭉뚱그려진 개념에서 살아있는 존재 하나하나를 구분하는 정성 어린 일이 시작된다. 매일 마주치는 고양이가 더는 평범한 고양이에 그치지 않고 내 일상에 스며든다. 그리고 관계의 시작은 이름을 불러주는 것이다. 아쉽게도 작명 센스는 유전되는지 내 이름만큼이나 성의 없고 일차원적인 이름을 짓고 말았지만. 훗날 사람들이 고양이 이름을 얼마나 예쁘게 지어주는지 알게 된 후에는 더욱 자괴감이 들었다. 그나마 다행이라면 내가 사진을 보여주며 이름을 말하면 상대는 대번에 어떤 고양이인지 바로 알아챈다는 것. 그렇게 직관적인 정보만 담은 이름을 지을 땐 꿈에도 생각지 못했다. 고양이들과 나의 인연이 오래도록 이어질 수 있다는 것을, 무심코 벌인 일과 사소한 행동이 눈덩이처럼 굴러가 커진다는 것을, 우연이 필연을 만들고 결국 운명이 된다는 것을 알지 못했다. 사람의 일이 대개 그러한데도.

고양이들에게 이름을 지어주고 그 이름을 부르면서, 고양이라는 존재가 구체적인 모습으로 내 안에 들어왔다. 그들의 삶의 타래가 스르륵 풀리면서 내 삶과 포개지기 시작했다.

어미를 닮은 새끼고양이 두 마리 모두 얼룩무늬였다. 정수리에 난 검은 털이 앞이마를 타고 내려와 눈 바로 위에서 양옆으로 갈라지는 새끼고양이에게 '방자'라는 이름을 지어주었다. 다른 새끼고양이는 눈두덩이까지 검은 털로 덮여 있어서 '네로'라고 불렀다. 새끼고양이들이 점점 자라면서 어미와 지내는 시간보다 둘만의 시간을 보내는 일이 잦아졌다. 풀숲에서 들썩거리는 소리가 들리면 어김없이 두 녀석이 엎치락뒤치락 놀고 있었다.

모든 것이 평화로웠다. 봄기운을 듬뿍 받으며 살랑살랑 뛰노는 새끼고양이들의 율동과 풀숲 그늘에서 육아의 고단함을 풀며 꾸벅꾸벅 조는 어미고양이의 모습은 한 폭의 그림 같았다. 내 삶의 고단함과는 동떨어진 듯한 그들의 모습을 대리만족하듯 흐뭇하게 바라보았다.

사라졌던 어미고양이가
새끼고양이들과 돌아오다

부슬부슬 비가 내리는데 땅이 젖는지는 모르겠다. 물을
싫어하는 고양이들도 피하지 않을 만큼 가는 비다. 나란히
붙어서 꼼짝 않고 앉아 있는 방자와 네로의 뒷모습이 사뭇
진지해 보여 웃음이 났다.

둘의 시선을 따라가니 어미고양이가 보였고, 어미보다
조금 어려 보이는 점박이 고양이가 주변을 어슬렁거리고
있었다. 무슨 일일까. 유심히 지켜보니 낯선 고양이가
새끼들 쪽으로 다가가려 했고, 어미는 낮게 '하악' 소리를
내며 그를 막았다. 새끼고양이들은 조금씩 물러나며 낯선
고양이와 거리를 넓히려고 애쓰는 눈치였다. 이번에는
어미가 날카롭게 하악질을 하며 다시 낯선 고양이의
앞을 막아섰다. 그러고는 순식간에 일이 진행되어버렸다.
어미고양이와 낯선 고양이가 교미를 하는 것이다. 그 모습을
보고 있자니 마음이 어지러웠다. 자식들을 위협하는

수컷에게 저항하다가 교미하는 상황이 내게는 너무나 폭력적으로 보였다. 동물의 일에 지나치게 인간적 관점을 투사하는 것은 위험하다고 생각하면서도 마음 한구석에 설명할 수 없는 불편함을 안은 채 그들을 지켜보았다. 오래 걸리지는 않았다. 교미가 끝나자마자 어미고양이는 낯선 수고양이를 내쫓았다. 수고양이는 다시 덤벼들지 않고 바로 꼬리를 내리며 줄행랑쳤다. 새끼들이 어미 품으로 달려가 안기자 어미는 새끼들을 핥아주었다. '괜찮아, 괜찮아.' 큰일은 어미가 치렀는데 놀란 자식들 위로가 먼저다. 엄마의 유일한 위로가 자식의 안위라는 듯이. 어미고양이를 보며 마음이 착잡했지만 내가 해줄 수 있는 일도 없고 개입할 여지도 없었다. 나는 영문도 모르는 채 그저 진지한 뒷모습에 미소만 지을 줄 알았다. 고양이에 대한 나의 이해는 딱 그 정도였다. 내 방 창문에서 공터까지의 거리. 적당히 떨어진 채, 모르면서 안다고 착각하며 편의대로 바라볼 수 있는 거리 정도의 이해. 딱 그 정도였다.

비는 추적추적 내리며 적실 것들 모두 착실하게 적셨다. 일어날 일은 일어나고 그냥 일어나는 일은 하나도 없는 밤, 처음으로 고양이들의 삶이 궁금해졌다. 여름이 다가오면서 늦은 밤에도 창문을 열어놓았다. 어두컴컴한 창문 너머에서 무성한 잡초 사이로 무언가 스르르 스쳐 지나가는 소리가 들릴 때마다 어떤 고양이일까 눈을 부릅떴다. 내 방이 너무 밝아 어둠 속을 헤아리기 어려웠다. 밝다고 다 보이는 게

아니었다. 밝은 만큼 어둠이 짙어졌다. 아주 가끔 방자와
네로가 창문 가까이로 다가와 제 모습을 드러내면 그제야
녀석들을 알아볼 수 있었다. 아직은 찾아올 때만 반가이
인사하는 것이 전부인 관계였지만 조금씩 새끼고양이들에게
마음이 쓰였다.

한낮이면 태양의 열기를 피해 그늘 아래를 찾아야 하는
계절이 성큼 다가왔다. 방자와 네로는 풀숲 그늘에 몸을
숨겼다가 배가 고파지면 내 방 창문 근처로 찾아왔다.
두 새끼고양이가 나나 내 가족이 던져주는 음식들을
먹으며 하루가 다르게 무럭무럭 자랄수록 어미고양이는
점점 모습을 감췄다. 생후 여섯 달까지는 어미가 새끼들을
돌본다는데, 적어도 가을까지는 자식들과 함께 지내야
하는데, 이렇게 일찍 이별을 하다니. 안타까운 마음에
새끼고양이들이 보일 때마다 먹이를 챙겼다. 의지할 곳 없는
새끼들은 먹이를 주는 우리에게 익숙해져갔다. 우리가 먼저
가까이 다가가지 않아서인지, 안심한 표정으로 창문 근처에
머무는 시간도 늘었다.
　　　고양이에 대해 아는 바가 없었다. 먹이를 주는 일이야
너나 나나 먹어야 사니까, 그 사실은 분명하니까 하겠는데,
그 이상으로 무엇을 할 수 있는지, 아니 무엇을 해야 한다는
생각조차 당시에는 하지 못했다. 애써 찾은 정보조차
고양이의 생활을 이해하는 데 도움이 안 되니 난감했다.

어느 늦은 밤, 어둠 속에서 캑캑거리는 소리가 들려왔다.
목에 걸린 뭔가를 뱉어내려고 애쓰는 소리였다. 아무것도
보이지 않으니 답답했다. 혹시 어디서 생선이라도
얻어먹고 목에 가시가 걸린 걸까, 견딜 수 없이 답답해졌다.
당장에라도 뛰쳐나가 목구멍에 걸린 것을 뽑아주고 싶다고
생각하던 차에 소리가 멈췄다. 잡초를 헤치는 소리가 들리는
것이 자리를 이동하는 모양이다.

　　밤사이 기침하던 고양이가 네로였을까. 다음 날 아랫집
아저씨가 가꾸는 텃밭에서 네로가 죽은 채로 발견되었다.
네로가 떠나자 방자는 밥도 잘 먹지 않고 숨어서만
지내다가 일주일 뒤에 건넛집 대문 앞에서 숨이 멎은
채로 발견되었다. 무슨 죽음이 이토록 허망할까. 대단한
관계였던 것도 아닌데 거대한 바위가 가슴을 누르는 것처럼
괴로웠다. 기침 소리가 들릴 때 뭐라도 했어야 했나, 네로가
떠난 후에 방자를 더 잘 보살펴야 했나, 나와 고양이는
다르다는 안일한 생각으로 고양이의 고통을 하찮게 여긴
것은 아니었나, 내가 뭘 안 하고 못 하고 있었는지 되짚어볼
때마다 미안한 마음이 커졌다. 한편으로는 이런 마음이
당혹스러웠다. 어쩔 수 없는 일 아니었냐고 스스로에게
변명도 해봤지만 마음이 편해지지 않았다. 어미가 사라지고
새끼 둘이 차례로 떠나자 창문 너머 공터엔 다시 깊은
어둠만 남았다. 한 번도 고양이 가족이 살았던 적 없는
것처럼. 그렇게 내 세상에 다시없을 여름이 끝나가고 있었다.

"어머, 저게 뭐야?"

추석을 앞둔 9월의 끝 무렵이었다. 익숙한 장면이 다시 창문 너머에서 펼쳐지고 있었다. 어미고양이가 돌아왔다. 흰색에 검은색 얼룩무늬 새끼고양이 네 마리를 대동하고. 그제야 알았다. 어미고양이는 지난봄에 내린 가랑비 속에서 임신을 했고 새로운 생명을 위해 방자와 네로 곁을 떠났다. 밥을 챙겨주는 사람이 있으니 어쩌면 운 좋게 살아남을지도 모른다는 희망을 안고 방자와 네로에게 이곳에서 잘 지내라는 마지막 인사를 남겼겠지. 어쩌면 나에게도 당부의 말을 건넸을지도 모르는데 나는 알아듣지 못했다.

고양이 가족을 다시 마주한 순간 두 번째 기회가 주어졌다고 생각했다.

어미고양이의
육아

고양이는 임신을 하면 약 두 달간 새끼를 품고 있다가
한 번에 여러 마리를 낳는다. 자식을 많이 낳을 수 있다는
사실이 번식의 수월함을 보증하진 않는다. 거꾸로 보면
알 수 있다. 척박한 환경에서는 새끼고양이가 제 몫을 하는
어른고양이로 자라는 일이 드물다. 어미고양이 혼자서
새끼고양이 네 마리를 키우는 일은 결코 쉽지 않다. 네 마리
몫의 모유를 만들어내려면 자신의 먹이도 제때 구해야
한다. 먹이 경쟁이 심한 곳에서는 새끼들이 가장 먼저
공격의 대상이 되므로 다른 고양이들의 위협에서 새끼들을
지켜내는 것도 어미의 일이다. 고양이에 대한 혐오를 거리낌
없이 표출하는 인간도 조심해야 한다. 직접 경험해보지
않아도 조금만 지켜보면 엄마고양이로 살기가 만만치
않음을 알 수 있는데, 어찌된 일인지 어미고양이는
능수능란하고 별일 아닌 양 구는 것 같다. 원래 고양이가

저렇게 무심한 것인지, 이 어미고양이만의 개성인지 도통
알 수가 없었다.

어미고양이가 어딘가로 앞장서 걸어가면 새끼고양이
네 마리가 각자의 보폭으로 지형을 익히며 열심히 따라간다.
새끼들은 세상이 신기하고 호기심이 많을 때라 해찰하다
뒤처지기 일쑤인데 어미는 자식을 챙기기는커녕 아랑곳
않고 제 갈 길을 간다. 뒤처진 새끼는 멀어진 어미를 보며
아차 싶었는지 부리나케 내달렸다.

어미는 모유를 수유하는 동안에는 한 마리도 처지지
않게 고루 챙겨 먹이고, 수유를 끝내는 시기가 되자 구해 온
먹이를 고르게 나눠 먹였다. 자신이 살아오면서 배운 모든
지혜와 삶의 기술을 정확히 전수해주면서, 배우고 터득하는
것은 자식들 각자의 몫으로 남긴 채 일절 간섭하지 않았다.

가을비가 세차게 내리던 날이었다. 어디선가 애타게 우는
새끼고양이의 울음소리가 들렸다. 빗소리에 섞인 가냘픈
울음소리의 위치를 찾는 건 쉽지 않았다. 대단치 않은
청력 탓에 집 주변을 한 바퀴 돌고 나서야 옆집 뒷마당에
새끼고양이가 숨어있는 것을 발견했다. 흠뻑 젖은 채로
에어컨 실외기 밑에서 오들오들 떨며 있는 힘을 다해 울고
있었다. 곧 어미고양이가 나타났다. 그런데 어미는 새끼에게
곧장 달려가지 않고, 공터에서 옆집 뒷마당을 내려다보며
새끼고양이에게 뭔가를 조곤조곤 설명하듯 울었다.

어미의 태연한 태도와 두 고양이가 서로 대화를 나누는 듯한 모습이 낯설고 놀라웠다. 누가 동물더러 말 못 하는 존재라고 했던가. 사람 심보가 참으로 고약하다. 자기가 못 알아듣는다고 다 울음이라고 퉁쳤으니 말이다. 나는 그날 처음으로 동물들이 대화하는 모습을 볼 수 있었다.

새끼는 어미를 올려다보며 서러운 소리를 냈지만, 끝내 어미는 새끼를 데리러 내려가지 않았다. 자식이 애절하게 우는데 저리 매정할 수 있냐며 속이 끓은 것은 외려 나였다. 나는 가방을 들고 빗속으로 뛰쳐나갔다. 조심조심 다가갔지만 겁에 질린 새끼고양이는 어디를 향하는지도 모른 채 마구잡이로 뛰어다녔다. 어지러이 도망다니는 녀석을 쫓다보니 금세 온몸이 흠뻑 젖었다. 온 힘을 다해 뛰다 지쳤는지 새끼고양이는 건너편 집 마당으로 들어가 나무둥치에 머리를 처박고는 제 눈만 가렸다. 비에 홀딱 젖은 채 바들바들 떨다 병이 날까 봐 나는 주저 않고 새끼고양이의 목덜미를 잡아 올렸다. 목덜미를 잡으면 얌전해질 줄 알았는데 새끼는 엄지손톱만 한 앞발을 버둥거리며 저항했다. 갈고리 모양으로 잔뜩 날이 선 발톱을 보고 있자니 작다고 만만하게 볼 게 아니다 싶어 얼른 가방에 담았다. 잠시 스친 새끼고양이의 코 옆에는 검은 점 같은 털이 앙증맞게 나 있었다. 가방 입구의 빈틈으로 삐져나오려는 새끼고양이를 놓칠 새라 가방을 끌어안고 또다시 빗속을 달렸다. 어미고양이가 있는 우리 집 뒤

공터로 들어가려면, 허벅지까지 올라오는 덤불과 건물 잔해
더미를 헤치며 울퉁불퉁한 길을 위태롭게 걸어야 한다.
비 때문에 미끄럽고 질퍽해진 흙길 위에서 균형을 잡기가
쉽지 않았다. 신중하게 공터를 가로질러 어미가 있던 자리에
도착했는데, 사람 기척을 느끼고 숨었는지 어미고양이는
온데간데없이 사라졌다. 새끼고양이를 가방에서 꺼내
바닥에 내려놓으니, 엄마가 어디 있는지 안다는 듯 쏜살같이
건물 잔해 속으로 뛰어 들어갔다.

　　어미는 돌아온 새끼고양이에게 뭐라고 타일렀을까.
달려가 도와주는 대신 스스로 위험을 헤쳐나오도록
내버려둔 어미의 선택은 무슨 의미였을까. 속내야 알 수
없지만 어미의 단호한 의지와 자식에 대한 믿음과 빨리
독립해야만 하는 고양이의 현실이 읽혀 경탄과 동시에
안타까운 마음이 들었다. 어미고양이가 새끼를 돌보는
모습을 볼 때마다 절도와 절제, 규칙이 느껴졌다. 지나치게
간섭하는 일이 없고 대신 해주는 경우도 없었다. 처음에는
고양이가 다 이렇게 새끼를 키우는 줄 알았는데, 나중에
다른 고양이들의 육아 현장을 보고 나서야 고양이마다
다 다르다는 것을 알게 되었다. 어미고양이는 처음 만났을
때 이미 나이가 제법 들어 보였으니 아마 출산 경험도
자식을 잃은 경험도 키운 경험도 많았으리라. 그 시간을
주제넘게 가늠해보자면, 어미는 무참한 세상을 바꿀 힘이
없어 절망하다가도 살아있는 자식을 하루라도 더 살게 하기

위해 자신의 일에 열중하지 않았을까. 엄마로서 자식에게
해줄 수 있는 일과 없는 일이 무엇인지 정확히 알았기에
매정해 보이더라도 자식에게 스스로 해결할 수 있는 힘을
기르도록 다그쳤던 것은 아닐까.

외출했다 돌아오는 길. 집이 산자락에 있으니 매일의
귀갓길이 등산이다. 오르막길 저만치에 익숙한 고양이 둘이
보이는데 고래고래 소리치는 게 살려달라는 것 같았다.
힘껏 뜀박질해 고양이들 쪽으로 달려가니, 처음 보는
어른고양이에게 새끼고양이 둘이 혼쭐나는 중이었다. 무슨
잘못을 한 건지 아니면 단순한 서열 싸움인지 모르겠지만,
긴장감 흐르는 고양이들 사이로 가쁜 숨을 헐떡이며 사람이
끼어들었다. 내가 고양이들의 일을 중재할 수는 없어도
긴장은 깰 수 있을 것 같았다. 어른고양이는 사람 때문에
거사를 다 치르지 못한 채 떠났고 뒤늦게 새끼들의 외침을
들은 어미고양이가 공터에서 달려왔다. 자기들을 구한 것은
나인데 그런 나를 아랑곳 않고 두 고양이는 엄마 품으로
달려가 얼굴을 비볐다. 어미가 겁먹은 새끼들을 달래주는
모습을 보니 서열 싸움에서 이겨야 하는 것도 너희
몫이라고 알려주는 것 같았다.
    고양이 가족의 일상에서 나라는 사람은 나무
한 그루만도 못한 존재일 텐데, 매번 내 멋대로 어떤 순간을
위험한 상황이라 판단하고 오지랖을 떨며 해결사로 나섰다.

방자와 네로의 죽음 이후에 좀 더 적극적으로 고양이들의
삶에 개입하고자 했지만, 고양이들에게는 그들만의 삶의
방식이 있었다. 내가 고양이를 도울 수 있고, 고양이의
일을 해결할 수 있다고 여기는 것은 오만한 생각이었다.
그들에게 무엇이 도움이 되고 안 되는지를 알아가려는
노력이 필요하다는 것, 내 임의로 가치를 결정하면
안 된다는 것을 이해하면서도 매 상황마다 그 판단 기준을
가늠하기가 어려웠다. 고양이들에게 연민의 감정을 갖기
보다는, 고양이와 관계를 맺고 지내는 사람은 어떤 태도를
가져야 하는지를 깨치는 일이 급선무로 다가왔다. 다행인
것은 새끼고양이들에게 최고는 내가 아니라 어미여서, 나의
미숙한 행동은 운 좋게 큰 영향력을 발휘하지 못했다.

이름을 지어주다
애미, 점순, 흰눈

9월의 끝자락에 고양이 가족을 다시 만나고 가을비가
몇 차례 내리더니 겨울바람이 불어왔다. 계절이 바뀌면서
새끼고양이 두 마리가 흔적도 없이 모습을 감췄다. 사라진
새끼고양이의 소식이 몹시 궁금했지만 고양이 가족은 내게
말해주지 않았다. 어미고양이와 남은 새끼고양이 두 마리가
어김없이 창문 너머에서 우리가 주는 밥을 먹는 모습을 보며
사라진 두 마리의 부재를 확인할 뿐이었다. 떠난 두 마리는
수컷일 가능성이 높았다. 암고양이는 태어나고 대여섯 달이
지났을 즈음에 첫 발정을 한다. 암컷과 달리 발정 주기가
없는 수컷은 보통 한 배에서 태어난 암고양이가 첫 발정을
하기 전에 떠난다. 그 빈자리에 교미를 하려고 자신의
영역을 떠나온 다른 수컷고양이가 들어올 것이다.

　겨울은 나고 떠날 것이지, 이 추위를 어찌 견뎌내려고.
떠난 이유가 분명해도 나는 안타까울 뿐이다. 떠나버린

고양이들도 안타까운 마음도 내가 어찌할 수 없는 것들이다.
고양이는 고양이의 삶을 살고, 내 마음은 내가 알아서
추슬러야 한다. 그제야 고양이들의 이름을 지어주지
못했다는 걸 깨닫고 남아 있는 고양이들의 이름을 고심했다.
비 오는 날 구조한 새끼고양이는 코 옆에 점이 있으니
'점순', 이마가 사람 앞머리처럼 검은 털로 덮여서 하얀
얼굴이 유난히 눈에 띄는 고양이는 '흰눈'이라고 지었다.
어미고양이는 나타날 때마다 "애미야" 하고 부르던 게 입에
배어서 '애미'라 부르기로 했다.

겨울로 진입하자 우거진 수풀이 시들고 바스러지면서
공터의 잿빛 속살이 드러났다. 음식을 맨땅에 던져줄
수는 없기에 겨울 동안 어떻게 먹이를 줘야 할지 고민됐다.
고양이들이 머무르는 공터는 내 방 창문을 마주보고 펼쳐져

있지만 우리 집은 2층이었다. 산자락 지형이 만든 단차 때문에 공터와 우리 집은 약 1미터 정도의 거리를 두고 떨어져 있었는데, 그 사이는 허공이나 마찬가지였다. 창문을 넘어 공터로 가려다가는 자칫 2미터 아래로 떨어질 수 있었다. 우회해서 공터에 들어가는 일은 가능한 한 피하고 싶었다. 주민 몇몇이 텃밭을 꾸린린다고 공터 주변에 울타리를 쳐둔 까닭에 금지구역처럼 여겨지기도 했다. 고양이 밥 준다고 드나들며 그들과 마주치고 싶지 않았다. 사람들이 고양이가 산다는 것을 알면 해코지하거나 내쫓을까 봐 두려웠다.

사람 때문에 드나들지 않던 공간에 고양이를 위해 들어갈 결심을 하니 발걸음이 조금은 가벼워졌다. 주변을 오가는 사람이 없는 틈을 타 공터로 들어갔다. 고양이들에게 먹이를 던져주던 자리에 작은 널빤지를 깔고 밥그릇과 물그릇을 올려두었다. 내가 공터에 나타나니 고양이 가족은 잔뜩 긴장해서 경계의 눈빛으로 나를 바라봤다. 조금이라도 안심하길 바라며 일부러 고양이들 쪽은 쳐다보지 않고 등을 진 채 밥자리를 마련했다. 물론 그렇다고 해서 고양이들의 두려움이 사라지는 건 아니었다. 고양이들의 불안을 조장하지 않으면서 밥을 줄 방법을 찾아야 했다. 문득 동네 골목에서 본 버려진 장대가 떠올랐다. 1미터 조금 넘는 그 장대를 주워 와 한쪽 끝에 사료를 담을 플라스틱 통을 매달았다. 창문으로 장대가

들락날락거리니 고양이 가족이 의심스러운 눈초리로
쳐다봤다. 나는 회심에 찬 미소를 머금고 의기양양하게
장대의 쓸모를 시연했다. 고양이 관중 앞에서 아주
천천히 장대를 창밖으로 내밀고는 조심스럽게 손목을
돌려 플라스틱 통에 담긴 사료를 밥그릇에 부었다. 사료
알갱이가 그릇 안으로 떨어지며 맑고 경쾌한 소리를 울렸다.
또로로로록!

천상의 소리라도 들은 마냥(물론 소리보다는 고소한
사료 냄새가 고양이들을 자극했을 것이다) 환한 표정을
짓는 고양이들을 보니 나도 절로 흥이 났다.

'아, 고양이도 저렇게 기뻐할 수 있구나.'

고양이 가족은 네모난 상자 안에서 매일 자신들을
쳐다보는 호모 하빌리스가 무슨 요술을 부린 것인지 완전히
이해했고, 점순은 특히나 더 신이 난 표정으로 앞발을
들어 올리고 기쁨에 겨운 소리까지 내뱉었다. 내 잔재주에
과분할 정도로 격하게 환호해주는 점순을 보고 있자니
그 순간만큼은 내가 사람인 것이 기뻤다. 무릇 인간이란
이러려고 진화한 것이다!

늘 창가에서 1미터 거리를 두고 마주해서 그런지
고양이들은 인간과의 안전거리를 딱 그 정도로 여기는
듯했다. 나는 이 거리가 유지되는 것이 좋았다. 고양이가
예쁘다고 다가가 만지는 일은 가급적 피하고자 했다.

나는 살면서 제일 무서운 게 사람이었다. 갈피를 도통
잡을 수 없는 게 사람 마음이었다. 도덕이니 윤리니,
사회제도니 법률이니 온갖 제약을 만들고는 사람이
동물보다 우월하다고 하지만 그런 것 없이는 서로를
존중하지 못하는 게 사람이었다. 고양이와 사람이 지나치게
가까워지면 고양이가 위험에 처할지도 모른다. 밥을
준다고 다가가더라도 고양이가 충분히 빠져나갈 수 있는
거리를 유지하려고 노력했다. 그래야 나 아닌 어떤 사람을
만나더라도 안전할 수 있을 것이라 생각했다.

일정한 거리를 유지하기 위해 마련한 장대는 고양이와 나
사이에 새로운 변화를 일으켰다. 고양이들은 매일 새벽이면
창문 너머에서 창문이 열리기를, 장대가 뻗어 나와 맛있는
사료를 그득 부어주기를 기다렸다. 고양이들이 사람의
행동에 기대를 품은 것이다. 왜 아니겠는가. 점순과 흰눈은
젖을 떼고부터는 거의 매일 우리 집 창문 너머에서 밥을
먹었고 그것이 당연한 일이 되었다.
　　문제는 고양이들이 이른 새벽부터 창문 너머에서
추위를 무릅쓰고 기다린다는 것이었다. 흰눈과 점순은
꼬리로 시린 발을 감싸고 나란히 붙어 앉아 교대로
끔뻑끔뻑 졸며 창가에 사람이 나타나기를 기다렸다.
　　생물학적 생의 주기는 물론 하루라는 시간 단위를
살아가는 방식도 다른 생명체를 살피려면 시간을 달리

이해해야 했다. 하루를 낮과 밤으로 나누지 않고 서너 시간 간격으로 쪼개어 쉬거나 놀거나 돌아다니는 고양이는 밤에도 활동량이 많았다. 이런 이유로 고양이 밥을 챙기는 일은 나의 일에서 다른 가족도 참여하는 일이 되었다. 이른 새벽부터 찾아오는 고양이를 챙기는 일은 가족들이, 늦은 밤에 고양이를 챙기는 일은 야행성인 내가 맡기로 했다. 그렇게 내 가족은 두 개의 조를 만들어 고양이의 보조를 맞췄다.

고양이는 나와 가족의 일상에 새로운 바람을 불어넣었다. 가족 간의 아침 인사는 고양이 가족이 새벽에 찾아왔는지, 밥은 잘 먹었는지를 확인하는 대화로 시작되었다. 그렇게 반복되는 일들은 우리의 일과가 되었고, 고양이 가족의 일은 자연스레 나와 가족의 삶의 중심 자리를 차지하게 되었다.

동네고양이들,
세 모녀에게 텃세 부리다

어미고양이는 새끼를 낳고 보통 여섯 달이 지날 무렵에
홀로 떠난다. 모유 수유가 끝나면 금세 다시 발정을
하는 고양이도 있는데, 그럴 경우에는 서너 달 만에
떠나기도 한다. 저마다 처한 상황에 따라 그 시기가 조금씩
다르지만, 이것이 고양이가 자식을 독립시키는 방식이다.
새끼를 낳은 지 얼마 안 된 어미고양이가 발정이 나면
기회를 노리던 수컷이 새끼고양이를 죽이는 일도 있다.
그래서 암컷은 새끼를 지키기 위해 강한 수컷과 부부
관계를 유지하거나, 여러 수컷과 교미해서 모두를 남편 삼는
안전장치를 마련한다(고양이는 교미하는 과정에서 자극을
받으면 배란이 되는 동물이라 중복임신이 가능하다. 항상
교미 횟수만큼 임신하는 건 아니지만, 수컷은 그 사실을
알지 못하기에 암컷이 자기 자식을 가졌다고 생각한다).
애미는 전자였다.

추워지는 날씨에 창문을 꼭꼭 닫고 지내도 마음 쓰이는 것에는 감각이 열려 있다. 자정을 넘긴 시간인데 바깥에서 고양이의 찢어지는 외침이 들려 창문을 열었다. 가로등 불빛이 가까스로 닿는 공터 한구석에서 애미가 자신의 뒤로 점순과 흰눈을 숨긴 채 소리치고 있었다. 그 주변에 고양이 세 마리가 도사리고 있는 듯했다. 어렴풋이 실루엣만 보고도 고양이 모녀가 공격받는 처지라는 걸 알 수 있었는데, 그들을 도와줄 구원의 손길 따위는 보이지 않았다. 작은 손전등을 들고 부리나케 달려 나갔다. 고양이와 달리 인간이 어두운 밤에 비탈진 길을 따라 공터로 진입하기는 여간 어려운 일이 아닌지라, 나뭇가지며 돌이며 손끝에 잡히는 대로 붙잡고, 발끝에 닿는 대로 디디며 공터에 올라섰다. 자리를 잡고 낯선 고양이들을 향해 손전등을 흔들며 어지러이 불빛을 비췄다. 나름 겁을 준다고 준 것인데, 그 기세는 대단했으나 속 빈 강정인 게 빤히 보였나 보다. 낯선 고양이들이 오늘은 이미 볼 일 다 봤다는 듯 느긋한 태도로 자리를 떴다. 지나치게 여유를 부리며 퇴장하는 모습을 보니 내 과장된 몸짓이 머쓱해졌다. 애미도 나를 아랑곳 않고 새끼들을 챙겨 어둠 속으로 피신했다. 나의 애먼 열정이 이렇게 꺾였다. 모두가 떠나간 자리에 찬바람만 쌩쌩 불었다. 야밤에 웬 잠옷 차림의 여자가 맨발에 슬리퍼를 질질 끌고 뛰쳐나와 공터에 들어가서 온몸을 흔드는 것으로 사건은 종결됐다. 집 밖으로

나설 때만 해도 고양이들의 갈등을 해결해주는 대단한
히어로물이 될 줄 알았는데, 막상 고양이들 세계에 들어서니
싸구려 촌극으로 끝난 것이다.

　　다음 날, 안녕히 얼굴을 마주하며 밥 주고 밥 먹는
여느 날과 다름없는 일상이 시작되었다. 간밤에 대체 무슨
일이 있었을까. 애미가 다시 발정이 났는지, 동네고양이들이
텃세를 부리는 건지 알 수 없지만 참으로 고단한 엄마의
삶이다. 덕분에 나도 그 고단함을 조금 알게 되었고.

　　다른 구역에 사는 동네고양이들이 애미와 새끼들을
괴롭히는 현장을 그 뒤로 여러 번 목격했다. 추워서
꼼짝하기 싫은 날씨에도 고양이들은 영역 다툼에 부지런을
떨었다. 덩달아 나도 밤마다 보초 아닌 보초를 섰다.
이중으로 된 내 방 창문은 겨우내 안쪽 창과 바깥 창이
동시에 닫히는 일이 없었다. 투명한 바깥 창만 닫고,
불투명한 안쪽 창은 늘 열어두었다. 추위를 많이 타는 나는
집 안에서도 옷을 잔뜩 껴입고 지냈다.

어느 날 저녁에는 동네고양이 한 마리가 공터에 들어와
애미와 신경전을 벌였고 흰눈과 점순은 겁에 질려 건물 잔해
속으로 숨었다. 나는 창문을 열고 창틀에 발을 딛고 선 채
몸의 절반을 창밖으로 내밀어 애미를 공격하는 고양이를
향해 위협의 소리를 질렀다. 이번에도 내가 고양이 모녀를
도왔다고 생각했는데 애미는 진정 내게 무관심했다. 그때

어디선가 불쑥 수고양이가 나타났다. 분명 애미가 내는 소리를 듣고 서둘러 달려왔겠지만 이미 나의 개입으로 상황이 종료된 뒤였다. 애미처럼 흰 털에 검은색 점박이 무늬를 가진 덩치 큰 수고양이는 콧잔등에 어지러이 긁힌 상처의 흔적을 보건대 범상치 않은 삶을 살아온 것 같았다. 그런 수고양이가 세 모녀를 향해 거리낌 없이 다가오는데 위화감이 전혀 느껴지지 않았다. 순간 점순과 흰눈의 아빠라는 생각이 스쳤고, 세 모녀가 아무런 경계도 하지 않는 모습을 보고 확신할 수 있었다.

애미는 왜 이렇게 늦었냐고 꾸짖듯 눈살을 찌푸리고 날카롭게 '힝' 소리치며 고개를 휙 돌려버렸다. 그 모습이 못내 서운했는지 수고양이도 걸음을 멈추고 등을 홱 돌렸다. 험상궂은 얼굴을 하고 토라지는 모습이 귀여워 나도 모르게 터져 나오는 웃음을 두 손으로 막았다. 애미 옆에 있던 점순은 아빠를 보고 반가워하며 깡똥깡똥 뛰어가다 등을 돌리는 모습에 서운한 얼굴로 멈춰 섰다. 뜻하지 않은 부부싸움은 화해 없이 아빠고양이가 집을, 아니 공터를 나가버리는 것으로 일단락되었다.

공터라는 무대에서 펼쳐진 고양이 가족드라마. 갈등과 화해, 사랑과 용서! 물론 용서와 화해는 없었지만. 관객은 나 한 명. 텔레비전 보듯 창문이라는 네모난 화면 앞에 앉아 숨죽이고 그들을 지켜봤다. 고양이 가족은 무척이나 진지한데, 나는 인간의 삶과 다를 바 없는 그들의 이야기가 마냥 신기하고 즐거웠다.

　　그러다 애미와 눈이 마주쳤다. 어쩐지 겸연쩍어 바로
눈을 피하고 말았다. 아무리 사람이 아니라 해도 남의
가족사를 엿보는 건 염치없는 일이다. 미안한 마음을 담아
창문 너머로 야식을 전달하니 세 모녀가 흡족한 표정으로
맛나게 먹었다. 역시 스트레스 해소법 중 제일은 먹는
것이다. 사람이고 동물이고 배부른 게 제일이다.

나는 이 고양이 모녀의 일거수일투족을 살피는 일에 완전히
빠져들고 있었다. 그만큼 아는 것이 많아지면 좋으련만,
현실은 모르는 것투성이고 서로 다른 종 사이에서 지켜야
하는 경계가 어디쯤인지 가늠하기 어려웠다. 위험해 보이는
일도 내 기준에서만 위험한 일이지, 고양이에게는 충분히
일어날 수 있는 일, 해결책을 찾을 수 있는 일인지도 몰랐다.
그들의 속내를 모르니 사소한 참견도 내 주제를 벗어나는
일이 되어버렸다. 아빠고양이의 위신은 아마도 내가 나서지
않았다면 우스워지지 않았을 것이다. 어떠한 반응도 보이지
않는 애미는 나를 당혹스럽게 만들었지만, 바로 그 덕에
나는 고양이를 대하는 법을 배울 수 있었다. 어쩌겠는가,
평생 인간이 최고라는 말만 듣고 살아왔는데, 오랫동안
주입된 말에서 벗어나려면 인간이 아닌 다른 생명체가
일구는 삶을 잘 따라가는 수밖에.

고양이 가족,
공터에 완전히 자리 잡다

건물, 자동차, 사람 등 많은 것이 밀집된 도시, 인간
중심으로 형성된 도시에서 비인간 종 고양이는 곧잘 하층의
존재로 여겨진다. 고양이들이 머무는 곳과 먹는 것은 대부분
버려진 것. 인간에게 사용가치가 사라진 것만이 고양이
몫으로 떨어진다. 도시에 사는 고양이는 배설 문제로도
큰 스트레스를 받는다. 외진 곳에서 흙이나 모래를 파내고
대소변을 본 다음에 덮어버리는 것이 고양이의 본능인데,
도시의 땅은 아스팔트와 콘크리트로 뒤덮여 있다. 유일한
배설 공간이 공원이나 자투리 녹지, 개인 소유의 정원이나
화단인데 그마저도 인간이 자주 지나다니거나 땅주인이
내치면 이용할 수 없다. 결국 아스팔트 위에 덩그러니 놓인
변은 인간들의 원성을 사는 이유가 된다. 자신의 영역이
배설물로 더러워진 데다 위치까지 노출되었으니 고양이도
스트레스를 받는 건 매한가지다. 흙 한 줌도 돈으로 여기는

왼쪽부터 회순, 점순, 애미.

인간의 세계에서는 모든 땅에 빈틈없이 건물을 세우는 일이
우선인지라 녹지를 만드는 일에 관심이 없다. 수익을 내지
못하는 땅은 쓸모없다고 여기는 탓에 그나마 남아 있는
공원도 개발의 유혹에 넘어가 야금야금 사라져간다.

어미고양이에게는 자식을 보호하고 먹이를 쉽게 구할
수 있는 장소를 찾는 일이 언제나 최우선 과제다. 그러나
살아가는 일 자체를 허용하지 않는 환경에서 최소한의
조건을 갖춘 장소를 찾기란 불가능에 가깝다. 어떤 환경
조건이 자신에게 우호적인지 가늠할 수 없다면 최대한
안전하다고 여길 만한 곳을 찾아야 할 것이다. 그런 면에서
사람이 쓰레기장으로 취급하는 장소는 도시에 사는
고양이에게 가장 안전한 곳인지도 모른다. 애미가 우리 집
뒤편의 공터를 택한 데에도 그런 이유가 포함되었을 것이다.

사람이 터부시하는 쓰레기 더미가 사람으로부터 안전하게
지낼 수 있는 유일한 공간이었을 테니까. 그 조건을 묵묵히
받아들이는 것이 고양이들 삶의 기본값이다.

공터는 고양이 가족이 생활하기에 괜찮은 공간이었다.
인간이 불법 건물을 대충 매립한 덕에 남아 있던 지하
공간은 비와 눈과 매서운 바람을 막아주었다. 산자락을
깎아낸 흙바닥 땅이라 대소변을 덮는 일로 스트레스 받을
일도 없었다. 다만 먹이를 구하려면 어미가 매일 마을
안쪽으로 들어가 다른 동네고양이들과 부딪쳐야 한다는
것이 문제였다.

애미가 고려한 여러 조건에 내가 들어있지 않았던 것은
분명하다. 애미에게 나는 뜻하지 않은 변수, 일종의
'공돈'이었다. 그래서인지 한동안은 나를 경계했다.
저 공돈이 그저 공돈일지, 종잣돈이 될지, 해로운 마약일지
간을 본 것이다. 나를 경계한다는 것은 나에게 의존하지
않는다는 것이다. 내가 매일 먹이를 챙겨줘도 공터를 벗어나
동네 여기저기를 돌아다녔고, 공터 바깥에서 먹이를 구한
날에는 내가 주는 먹이를 먹지 않았다. 알 수 없는 인간에게
자신과 자식의 삶을 의지하기에는 불안했으리라.

처음에는 애미의 거리두기가 서운했다. 내가 매일
밥도 주고 물도 주는데, 상냥한 표정으로 눈도 마주쳐주고
먼저 아는 척도 해주면 좋을 텐데, 애미는 무표정한

얼굴로 언제나 1미터 거리를 두고 돌발행동에 대비하는 경계의 자세를 유지했다. 몇 달을 매일같이 마주치면 없던 정도 생길만 한데 경계를 늦추지 않는 애미를 지켜보며 내 생각이 짧았음을 깨달았다. 저렇게까지 경계하는 태도가 몸에 배었다면 나 한 사람이 잘해준다고 될 일이 아니었다. 고양이가 마주치는 사람이 나뿐인 것도 아닌데, 내가 고양이가 경험하는 세상의 전부라는 납작한 생각에 빠져있었다. 작은 방에서 네모난 창문으로 고양이를 바라보며 공터와 뒷산이 고양이 세계의 전부라고 착각했다.

착각은 여기서 그치지 않았다. 고양이가 머무는 영역을 사람의 거주지처럼 이해하면서 고양이의 행동을 오해했다. 사람은 집과 집 바깥을 명확하게 구분한다. 물리적 경계도 뚜렷하기에 자신과 세상을 일시적으로 분리한 채 안전하게 지낼 수 있다. 하지만 고양이의 영역은 사람의 집 개념과 다르다. 자기 영역을 확보했어도 여러 변수와 관계에 따라 영역의 범위가 넓어지기도 하고 줄어들기도 한다. 사람은 고양이가 영역을 어떻게 확보하고 살아가는지 이해해볼 생각도 없이 그저 자신의 영역에 들어온 고양이를 내쫓기 바쁘다. 하루아침에 쫓겨나는 일이 일상이라면 공터 역시 영원히 안전한 영역이라고 여기지 않았을 것이다. 위험이 닥치면 언제든지 살길을 찾아 떠날 수 있어야 했다.

여기까지 생각이 미치자 애미가 매일 공터를 벗어나 다른 밥자리를 찾고, 내게 전적으로 의지하지 않은 이유를

이해할 수 있었다. 고작 먹이를 내주고 마음을 얻고 싶어
한 것이 부끄러웠다. 고양이를 위하는 행동이 위하는 '척'이
되지 않으려면 나의 행동에 집중하는 대신 인간 중심적인
생각을 반성하고, 고양이들이 처한 현실을 제대로 알아야
했다.

겨울이 깊어 가면서 애미의 행동에 변화가 생겼다. 공터는
원래도 텃밭을 가꾸는 사람이 아니면 인적이 드문 곳인데,
날이 추워지니 그마저도 발길이 뚝 끊겼다. 폐건물의 지하
공간은 겨울의 한기를 막아주었다. 사람이 밥을 주는 것이
어쩌다 일어난 일이 아니라 매일매일의 당연한 일과가 되자
모든 것이 마음에 들었던 모양이다. 공터를 나가 동네를
돌아다니는 일이 줄고 공터에 머무는 시간이 늘었다. 밤에는
흰눈, 점순과 지하실에서 잠을 자고 새벽이면 밥자리에
와서 밥을 먹었다. 간혹 늦잠 자느라 밥때를 놓쳐도 걱정할
필요가 없었다. 언제라도 원할 때 밥자리에 가면 밥을
주는 사람이 생겼으니까. 하루의 주요 업무는 밥자리 앞에
쭈그리고 앉아 밥자리를 넘보는 다른 고양이들을 내쫓는
일이 되었다. 몇 시간이고 꿈쩍도 안 하다 보면 자기도
지루한지 자주 졸곤 했다. 낮에는 그렇게 짧고 얕은 잠을
자며 경계를 서는 것이 고양이의 일이었다. 끔뻑 졸다가
무료해지면 기지개를 켜고 일어나 공터 주변을 순찰했다.
간혹 다른 고양이가 기웃거리면 한달음에 달려가 나가라고

소리쳤다. 마침내 애미는 공터를 완전히 자신의 영역으로
삼았고, 골목길 여기저기를 헤매는 떠돌이 고양이가 아니라
자기 영역에 사는 동네고양이가 되었다. 사실 고양이는 전부
동네고양이다. 사람 눈에만 길에서 떠도는 것처럼 보일 뿐,
자신이 태어난 곳에서 크게 벗어나지 않고 평생을 사는
영역 동물이다. 때마다 집을 옮기며 사람들이 떠돌 때, 정작
동네를 지키는 건 고양이다.

애미가 온종일 영역 지키는 일에 몰두하는 동안 흰눈과
점순은 아무런 걱정 없이 공터를 장악했다. 점순이 몸을
낮추고 엉덩이를 좌우로 씰룩거리며 놀자는 신호를 보내면
맞은편에서 흰눈이 도망칠 준비를 한다. 뒷다리로 땅을
박차고 달려 나가는 점순, 사냥감 역할을 하며 잽싸게 뛰는
흰눈. 고양이들은 위험천만한 공터에서 잘 다져진 육상트랙
위를 달리듯 힘차게 뛰어놀았다. 점순이 흰눈의 엉덩이를
터치하면 역할이 바뀐다. 점순이 전력으로 도망치고 흰눈이
쫓는다. 이번에는 흰눈이 점순의 엉덩이를 움켜쥐었고
둘은 서로를 끌어안고 흙밭을 뒹굴었다. 흙먼지를 뒤집어쓴
하얀 털을 보며 더러워졌다고 걱정하는 건 나뿐이었다.
실컷 뛰놀고 뒹굴고 몸에 잔뜩 묻은 흙을 닦아내자
해가 저물었다. 골목에서 놀던 아이도 밥 먹자고 부르는
소리에 집으로 뛰어가는 시간. 세 모녀가 나란히 밥자리에
모여들었다. 고양이 집의 옆집인 나의 집 앞으로.

52

흰눈과 점순,
첫눈을 밟다

밤사이 첫눈이 쏟아졌다. 창문을 여니 세상이 온통
눈으로 덮인 채 하얗게 물들어 있었다. 감상에 젖는 것도
잠시, 밥자리에 놓인 밥그릇까지 덮을 정도로 쌓인 눈을
보니 고양이 걱정이 밀려왔다. 나에게는 낭만이지만
누군가에게는 생사의 문제였다. 지하실 입구가 막힌 것은
아닐까, 밥자리까지 걸어 나올 수 있을까, 공터에 나가
생사를 확인할까, 안달복달하고 있는데 지하실 입구에서
뭔가가 삐쭉 나타났다. 흰눈과 점순이 얼굴만 빼꼼 내밀고
나올 생각은 안 한다. 눈을 댕그랗게 뜨고 눈 쌓인 공터를
마냥 바라볼 뿐이었다.

"아, 너희들… 처음이구나!"
　　고양이들이 태어나 처음으로 눈을 본 것이다. '눈 왔다,
발 조심해라!' 애미의 무뚝뚝한 조언만 듣고 먼 길 떠나는

심정으로 나선 얼굴들이다. 그래, 눈이 뭔지, 밟으면 어떤
느낌인지 말해주는 것보다 경험이 더 빠를 테지.

　　이미 밥때가 한참 지난 시간, 배고픔을 참을 수 없던
흰눈이 먼저 발을 내딛었고 그 뒤를 점순이 따랐다. 둘은
발바닥에 차갑고 축축한 눈이 닿는 게 낯설고 싫은 눈치다.
밥을 먹어야 하니 어쩔 수 없다는 표정으로 네 발을 통통
튕기며 밥자리로 와서는 다급히 먹고 다시 총총 지하실로
들어갔다.

나는 언제 처음 첫눈을 봤을까. 몇 살 때였는지 모르겠지만
눈 쌓인 언덕에서 포대자루 썰매를 신나게 탄 기억만 난다.
다행히 첫눈이란 단어는 해마다 쓸 수 있는 말인지라
그때의 눈도 첫눈, 오늘의 눈도 첫눈이다. 그리고 오늘의
이 눈은 고양이에게도 나에게도 첫눈이다. 문득 방자와
네로가 떠올랐다. 여름은 알았지만 겨울은 모르는 채
사라진 생명들. 타고난 평균 수명이 그리 짧지도 않은데
사계절을 다 누려보지도 못했다. 처음 경험하는 것이 마지막
경험이 되는 삶을 살았다.

　　고양이 모녀를 만나고 처음 맞이한 겨울, 점순과
흰눈이 태어나 처음으로 맞이한 겨울에 우리는 첫눈을 함께
맞이했다. 나는 점순과 흰눈이 처음 겪는 일들을 처음으로
지켜보는 사람이 되었다.

내가 창문에 서서 하염없이 낭만적 감상에 빠져있는 사이, 지하실에서 자기들끼리 무슨 모의를 했는지 두 자매는 곧 다시 밖으로 나왔다. 눈밭에 고양이 발자국이 선명하게 찍혔다. 눈 밟는 느낌이 처음에는 이상했지만 그리 나쁘지 않다고 판단한 모양이었다. 아니면 아무도 밟지 않은 눈밭을 뽀드득뽀드득 걸으며 발자국 찍는 놀이에 뒤늦게 재미를 붙였는지도. 뚱한 표정을 지을 땐 언제고 자매는 눈 덮인 세상에 자기들만 있다는 듯 신나게 눈밭을 뒹굴었다. 아직은 공터가 세상의 전부인 두 어린 고양이가 해맑은 표정으로 첫눈을 즐기는 이 순간이 영원하길, 이 겨울이 마지막이 아니길 바랐다. 이 첫눈이 점순과 흰눈에게 마지막 눈이 아니었으면 좋겠다고 생각했다.

애미, 두 자매 앞에
죽은 쥐를 물어다 놓다

추운 겨울을 잘 보내려면 몸을 부지런히 움직여야 한다.
부산을 떨어야 몸에서 열이 나고 그나마 체온이 올라간다.
사람도 고양이도 체온조절 능력을 갖고 있건만 나는
방구석에 앉아 입만 겨우 움직이며 춥다는 말을 달고
지냈다. 말라비틀어진 잡초가 어느새 파사삭 부서져 흔적
없이 사라진 황토색 공터에서 점박이 고양이들은 추위를
잊은 채, 아니 추위를 잊으려는 듯 종횡무진 뛰어다녔다.
제 몸을 잘 굴릴 줄 아는 부지런한 녀석들.

흰눈이 바닥에 나뒹구는 휴지 조각을 앞발로 낚아채
허공에 날리고는 유심히 바라보다가 뛰어올라 다시
낚아챘다. 점순은 둥글게 말린 잡초가 이리저리 굴러다니는
것을 보더니 축구선수처럼 멋진 드리블 실력을 뽐냈다.
앞발로 힘껏 차고는 재빠르게 공을 앞질러 골키퍼처럼
막기도 했다. 공수전환이 빠른 축구선수였다.

각자의 놀이가 끝나면 마무리는 역할 놀이다. 항상 같이 놀자고 먼저 신호를 보내는 쪽은 점순. 저만치 앉아 있던 흰눈은 점순의 신호를 못 본 척했다. 점순은 흰눈이 새침을 떨면서도 자신을 의식하는 것을 아는 눈치다. 몸을 낮추고 엉덩이를 좌우로 실룩이더니 뒷발을 힘차게 박차고 흰눈을 향해 달렸다. 자신을 향해 돌진하는 점순을 본 흰눈은 놀자는 제안을 진지하게 받아들인 듯 사력을 다해 도망쳤다. 점순이 흰눈의 엉덩이를 움켜쥐면 역할이 바뀐다. 그 모습을 보고 있자니 어린 시절 "앞에 가는 사람 도둑놈, 뒤에 가는 사람 경찰"이라는 노래에 맞춰 도주와 추격 놀이를 했던 기억이 떠올랐다. 더는 사냥을 하지 않는 도시 아이가 이런 노래를 부르며 놀았다니, 도주와 추격은 모든 생명이 자기 몸에 새긴 본능인가 싶다.

제 몸을 이해하는 일은 곧 주변을 이해하는 일이다. 주변 사물과 지형을 이해하려면 제 몸이 어떻게 작동하고 그것들과 연결되는지를 알아야 한다. 가장 효과적으로 알아가면서 받아들이는 방법이 놀이다. 자신과 세상의 관계를 재고 자신이 운신할 수 있는 가능성을 가늠하는 일. 살고자 해야 하는 일이라거나 생존 기술이라고 하면 재미없었을 것들이 놀이가 되면 즐겁게 느껴진다.

놀이가 끝나는 순간이 있다. 부모로부터 독립해 자신의 힘으로 삶을 꾸려야 하는 시기는 사람이고 고양이고 가리지

않고 찾아온다. 사람은 성년이 되는 문턱을 넘기 위해
저마다 통과의례를 거친다. 고양이는 어떨까.

　　나는 애미가 두 자매 앞에 죽은 생쥐를 물어다 놓고
휭 하니 공터를 나가버린 날에 흰눈과 점순이 성묘가 되는
의례를 치렀다고 추측한다. 어린 고양이가 걸음마를 떼면
어미와 함께 돌아다니며 주변 지형을 익힌다. 그다음으로
먹이 구하는 법을 배우는데, 그러려면 먼저 자신의
먹잇감이 무엇인지 알아야 한다. 그날, 흰눈과 점순 앞에
그 답이 놓였다. 두 고양이는 그것이 자신들의 먹이이며
사냥감이라는 사실을 직감했는지 한동안 거리를 두고
지켜봤다. 내 눈에는 죽은 것이 분명해 보였으나 고양이들은
다가가는 것을 망설였다. 동물은 눈앞에 먹이가 있으면
반사적으로 덤벼든다고 하던데, 창문 너머 고양이들이
그 먹이에 어떻게 다가가야 할지 몰라 주춤거리는 모습을
보니 당혹스러웠다. 그간 동물에 대한 정보이자 지식이라
여기던 것들이, 동물은 본능으로만 움직인다는 사실이,
지식이 아닌 편견이었다는 의심마저 들었다.

　　죽은 생쥐의 남은 온기를 꽁꽁 언 흙바닥에 빼앗기기
전에 얼른 건드려봐야 한다. 경험 없는 어린 고양이가
살아있는 쥐를 느긋하게 대면하며 정보를 얻기란 거의
불가능할 테니 말이다. 한참을 망설이다가 흰눈이 먼저
나섰다. 오른발로 툭툭, 다시 왼발로 툭툭 죽은 생쥐를
건드렸다. 물컹한 살덩이와 털의 감촉을 느꼈으리라.

흰눈은 얼굴을 들이대고 코를 실룩거리며 냄새를 맡았다.
죽음의 냄새를 읽어냈을 것이다. 코끝으로 톡톡 건드려본
후에야 쥐의 죽음을 확신하는 것 같았다. 확신이 서자,
흰눈은 사정없이 죽은 쥐를 물어 던지고 앞발로 공 굴리듯
이리저리 굴렸다. 휴지 조각으로 즐겁게 뛰놀던 때와
달리 낯선 생명체와 그 죽음을 대면하며 느낀 두려움을
이겨내려고 사투를 벌이는 것처럼 보였다. 어쩌면 놀면서
배운 '즐거운' 기술이 다른 생명을 '무참히' 취하는 일에
쓰여야 한다는 것을 자기만의 방식으로 받아들이고
있는지도 몰랐다. 흰눈이 제풀에 꺾이자 점순이 덤덤히
자신의 차례를 받아들였다. 흰눈이 먼저 치른 의식을
그대로 따르는 점순. 같은 행위를 반복함으로써 죽음에 대한
공포를 이겨내고 자신들의 살생을 정당화하려는 주술적인
행위 같았다. 드디어, 어린 두 고양이에게 다른 생명을 취해
자기 목숨을 꾸려야 하는 포식자의 길이 열렸다.

우리는 동물 다큐멘터리에서 포식동물이 사냥하고,
피식동물이 피 흘리며 죽는 장면, 온갖 동물이 사체
주변으로 모여드는 모습을 보며 잔인하다거나 폭력적이라고
말한다. 동물은 그렇게 본능대로 살고 사람은 그런 본능을
통제하는 이성적인 존재라며 동물과 사람 사이를 구분
짓는다. 점순과 흰눈을 지켜보지 않았다면 나 역시 이런
주장을 의심 없이 받아들였을 것이다. 그러나 사냥과 폭력을

동일한 행위로 보는 것은 잘못된 일이다. 사슴이 성나서
풀을 뜯는 게 아니다. 사자가 화가 나서 사슴의 숨통을 끊는
것이 아니며 폭력을 행사하는 것도 아니다. 포식동물이
사냥을 할 때는 사냥감에게 은혜로움을 느낄지언정
군림하겠다는 마음은 없다. 그러나 폭력은 관계를 묵살하고
군림하겠다는 분명한 목적을 갖고 있는 행위다. 육식동물의
사냥을 '폭력적'이라거나 '잔인'하다고 묘사하는 것은
사람이 저지르는 폭력을 마치 본능인 것처럼 정당화하려는
눈속임일지도 모른다.

한 동물보호단체에서 쥐를 잡는 끈끈이에 새끼고양이가
붙어 크게 다친 사연을 전한 적이 있다. 시골에서는 여전히
쥐를 잡기 위해 고양이를 이용하는데, 간신히 젖을 뗀
새끼고양이를 어미로부터 강제로 떼어내 곡식 창고에
가두었다. 고양이는 쥐를 사냥한다는 말만 믿고 무턱대고
어린 개체를 사냥 목적으로 이용하려 했다가 사달이 난
것이다.

　　점순과 흰눈이 사냥하는 법과 사냥감에 대해 배우는
과정을 보지 못했다면 나 역시 고양이가 쥐를 사냥하는
일을 본능이라 여겼을 것이다. 고양이의 본능은 쥐를
사냥하는 것이 아니라 육식으로만 생존할 수 있다는 것이다.
육식이라는 본능이 사냥을 하게 하고, 처한 환경에 따라
특정 동물을 사냥감으로 삼게 하는데, 이 모든 일에는

배움이 필요했다. 어쩌면 우리는 생명체가 자신이 태어난 환경에 적응하는 과정을 그들의 본능이라 착각했던 게 아닐까. 애미는 점순과 흰눈이 공터라는 자신들의 환경을 배우고 이해해야만 진정한 포식자로 거듭난다는 사실을 알려준 것이었으리라. 그 문턱을 넘어서는 외로운 여정, 흰눈과 점순에게 서로가 있어 다행이었다.

새를 보고 달뜬
흰눈과 점순

흰눈과 점순이 날아가는 새를 처음으로 본 날, 공터는
두 고양이의 호기심 어린 마음으로 물들었다. 둘은
시야에서 새가 사라질 때까지 눈을 떼지 못했다. 그 뒤로
하늘에 새가 나타날 때면 고양이들은 자신도 모르게 몸에
밴 경계심을 일순간 해제하고 호기심과 동경 어린 눈빛으로
하늘을 올려다봤다. 땅에 붙들려 걷고 뛰어야 하는
동물에게 하늘을 훨훨 나는 동물은 경이로운 존재처럼
보였을 것이다. 인간도 날갯짓을 하며 멀리멀리 날아다니는
새를 동경하다 비행기를 만들지 않았던가.

　　하늘을 누비던 생명체가 땅에 내려앉자 흰눈과 점순은
흥분한 마음을 감추지 못하고 달려갔지만 깜짝 놀란 새들은
다시 날아올랐다. 달려가고 날아오르길 여러 번, 그제야
고양이들은 새들이 놀라지 않도록 조심스럽게 다가가야
한다는 것을 깨달았다. 낮은 포복 자세로 살금살금 소리

없이 빠르게 걷다가 멈추고 또 걷다가 멈췄다. 멈출 때마다
귀를 쫑긋 세우는 것이 그동안 관찰해온 새들의 움직임을
머릿속에 그려보는 듯했다. 새들이 놀랄까 봐 덤불에 몸을
숨겼다가 고개를 빼꼼 내밀고 동태를 엿보며 전진해 나갔다.
몇 번의 도전 끝에 가까운 거리까지 다가갈 수 있었지만
끝내 새들과 마주하지는 못했다.

　　멀리서 별생각 없이 그 모습을 지켜봤다면 고양이가
새를 사냥한다고 생각했으리라. 그러나 창문에 바짝
붙어서 관찰한 고양이들의 움직임과 표정은 그렇지 않았다.
코앞에서 날아오르는 새를 바라보느라 고개를 한껏 뒤로
젖힌 고양이들은 모든 집중력을 새에게 쏟아내느라 무방비
상태가 되었고, 작은 입은 긴장감 없이 벌어졌다. 영락없이
매혹당한 자의 모습이었다.

어떤 행위에 꼭 한 가지 이유만 있지는 않다. 예컨대 인간은 갓난아기를 보면 작고 귀여운 생명 앞에서 어쩔 줄 몰라 하다가 저도 모르게 아기의 손이나 발을 깨문다. 그렇다고 아기가 고통을 느끼도록 깨물진 않는다. 깨물기는 공격 행위이면서 사랑을 표현하는 방법일 수도 있는 것이다.

사냥이라는 행동도 관계에 따라 그 의미가 달라질 수 있다. 고양이와 쥐는 포식자와 피식자 관계. 고양이가 쥐를 쫓는다면 우리가 아는 의미의 '사냥'일 가능성이 높다. 고양이와 새는 한쪽이 일방적으로 동경하는 관계, 새를 향해 살금살금 다가가는 고양이는 그저 흥분한 채 애정 표현을 하고 싶을 뿐이다. 흰눈과 점순이 종종 엎치락뒤치락하거나 앞발을 투덕거리며 노는 모습은 얼핏 싸우는 것처럼 보였다. 앞발로 상대의 얼굴을 가격하는 행위는 공격일 수도 애정 표현일 수도 있다. 하지만 흰눈이 공터를 침범한 낯선 고양이를 향해 앞발을 치켜들었다면 그건 놀이가 아닌 공격일 가능성이 높다. 고양이들은 그 차이를 알고 있을 것이다. 놀이는 그 차이를 배우는 과정이기도 할 테고. 그렇지만 그 경계는 너무 쉽게 모호해지고 역전된다. 이상적인 존재가 한낱 먹이로 전락할 수 있고, 날 때부터 쥐와 함께 자란 고양이는 쥐를 사냥하지 않고 가족으로 여기며, 한 배에서 태어난 형제라도 자식의 문제가 겹치면 경쟁자가 된다.

인간은 동물의 행동을 너무 단순하게 판단하는지도 모르겠다. 관찰하고 탐구해야 할 것이 무수히 많은데도 오랫동안 굳어진 생각으로 그들의 행위를 읽어낸다. 우리가 자주 저지르는 실수 중 하나가 자신은 복잡한 감정을 지닌 존재지만 타자는 쉽게 단순한 존재라고 여긴다는 것인데, 특히 동물에 대해서는 더 그렇다. 새를 쫓는 고양이를 멀리서 보면 그저 사냥하는 것처럼 보이지만, 그 행위에는 사람이 미처 포착하지 못한 동기가 있을 수 있다. 먹어야겠다는 마음에서 비롯된 행위일 수도, 동경하는 마음이나 호기심에서 비롯된 행위일 수도 있다.

사냥이라는 행위를 조금 더 비틀어 생각해보면 어떨까. 우리는 포식동물이 피식동물을 사냥하는 모습에 두려움만 느끼고 정작 그 과정의 고단함을 놓치고 있는지도 모른다. 흔히들 인간 세계의 무자비함을 동물 세계에 빗대어 '약육강식'이라 표현한다. 사냥은 정말 약한 자가 강한 자에게 먹히는 것일까.

　　초식동물 중에는 코끼리처럼 웬만한 육식동물보다 덩치가 크고 힘이 센 동물이 많다. 대개의 육식동물은 필사적으로 사냥을 하고, 혼자서는 초식동물을 이겨낼 방도가 없어 집단으로 사냥에 나선다. 사냥에 실패하면 자신은 물론 자식들의 목숨도 위태로워지는 것이 육식동물의 삶이다.

네덜란드의 생태학자이자 진화생물학자 메노 스힐트하위전은 『도시에 살기 위해 진화 중입니다』에서 먹이사슬을 다르게 봐야 한다고 제안한다. 먹이 피라미드를 약육강식이라는 위계의 표현이 아니라 에너지 이동의 관점에서 바라본다면, '인간>동물>식물'이라는 도식은 힘의 표현이 아니라 에너지 재생산의 문제로 이해할 수 있다.

"태양에너지를 이용하여 공기 중에 존재하는 탄소를 '먹는' 녹색 식물은 핵심적인 '1차 생산자'로서 1단계에 자리한다. 2단계는 이 1차 생산자를 소비하는 초식동물이 차지하고 먹이사슬 3단계에는 초식동물을 먹고 사는 포식자들이 자리한다. 먹이사슬이 피라미드 형태인 이유는 하위 단계에서 생산된 에너지 중에서 바로 상위 단계로 전달되는 에너지는 10분의 1에 불과하기 때문이다. 나머지는 해당 단계의 생물이 열을 내고 기능을 수행하는 데 필요한 에너지원으로 사용된다. 특정 단계에 유지할 수 있는 생물의 규모를 좌우하는 것이 바로 이 에너지다. 그러므로 생물이 살아가는 서식지마다 무수한 녹색 식물과(1단계) 식물을 먹고 사는 수백만 마리의 곤충(2단계), 곤충을 먹고 사는 수천 마리의 새(3단계), 한 무리의 족제비와 매(4단계) 그리고 5단계에 해당되는, 홀로 움직이는 호랑이나 고독한 독수리가 존재한다. 주로 사냥으로 먹고살던 인간은 농사를 짓기 시작하면서 이 먹이사슬 피라미드에서 한 단계

내려왔다. 즉 에너지가 훨씬 더 많고 따라서 성장할 공간이 훨씬 더 많은 위치로 내려온 것이다."

먹이사슬의 정점에 있다는 것은 강인함을 의미하는 것이 아니라 다른 생명이 만들어내는 에너지에 대한 의존도가 높다는 것을 의미한다. 포식동물인 북극곰이 멸종위기에 놓인 이유 역시 삶을 유지해나갈 에너지를 구할 수 있는 터전이 점점 줄어들고 있기 때문이다. 자신에게 필요한 에너지를 스스로 만들어낼 수 없는 최상위 포식자는 자신의 생존을 위해 점점 줄어드는 사냥감 앞에서 필사적일 수밖에 없고 그런 삶에는 '고단함'이 드리워진다.

　　고양이가 도시라는 환경에서 사냥하는 일도 쉽지 않다. 사람의 편의를 위해 상하수도 시설이 설치되면서 지상과 지하 공간이 명확하게 나뉘었다. 고양이가 접근하기 어려운 하수도는 그 어느 때보다 쥐에게 유리한 환경이 되었다. 먹이를 구하기 어려워진 고양이는 사람에 대한 의존도를 높였다. 졸지에 사람에게 빌붙는 신세가 되었지만, 여전히 자신의 체취로 지상에서 쥐의 번식을 억제하니 인간은 그저 고마울 따름이다.

　　사냥이라는 행위는 놀이일 수 있고, 애정 표현일 수 있고, 말 그대로 생존본능일 수도 있지만 그 차이를 만드는 것은 상대에 대한 마음일 것이다. 오직 생존만을 위한 사냥 행위라 하더라도 먹기 위한 본능, 즉 무자비함만 있지는 않다. 거기에는 필시 고단함이 있을 것이다. 실패할 때마다 느끼는 불안, 먹이를 기다리는 자식에 대한 염려, 피식동물에 대한 애처로움과 저항에 대한 두려움, 이 모든 감정이 복합적으로 작용해 더 빨리 뛰게 하고 더 깊이 물게 하고, 살아남겠다는 욕망으로 이어지고 그게 본능이 된 것이다.

자신에게 불리한 조건을 해결하는 고양이의 능력은 역시나 사냥인데 점점 사람의 마음을 사냥하는 쪽으로 진화하는 것 같다. 온갖 매체에서 고양이들을 찬양하는 사람들의 모습이 그 증거다.

잘생긴녀석,
밥자리에 끼어들다

차디찬 공기를 뚫고 내리비치는 햇살 덕에 창문 너머의
황량한 공터가 포근해 보였다. 정오의 햇살은 세상
구석구석을 비추며 삶의 누추함까지 빛나게 했다. 텃밭에
놓인 검은 장독은 겨우내 먼지를 잔뜩 뒤집어썼지만 볕이
들자 먼지 사이로 유약을 바른 표면이 반짝거렸다.

　　점순이 장독 위로 올라 햇볕에 데워진 뚜껑에 배를
붙이고 스르륵 눈을 감았다. 잠시 후 흰눈이 다가와 점순을
올려다본다. 기척에 눈을 뜬 점순은 낮잠 자리로 퍽
괜찮다는 신호를 보낸다. 흰눈이 엉덩이를 실룩인다. 점순이
둥근 뚜껑 한쪽 끝으로 몸을 옮긴다. 자리를 내주려고
움직였건만 여유 공간이 없다. 아랑곳 않고 올라가려는
흰눈, 흰눈을 마다하지 않는 점순.

　　점순이 옆으로 좀 더 비켜 눕자 흰눈이 뒷다리를
박차고 뛰어올랐다. 그 순간, 점순이 몸을 아래쪽으로

내밀어 오른쪽 앞발로 흰눈의 엉덩이를 받쳐주었다. "아!"
탄성이 절로 났다. 좁은 장독 뚜껑 위로 올라와 착지하면
땅을 박찰 때 받은 힘 때문에 몸이 앞으로 쏠리는데, 그러면
점순이 몸에 부딪혀 튕겨나갈 수 있었다. 이를 염려한
점순이 몸을 기울여 앞발로 받쳐준 것이다. 흰눈의 안전을
염려하는 점순의 마음이 기특했고, 물리법칙을 몸으로
이해하고 있다는 사실이 신기했다. 따뜻하게 달궈진 장독
뚜껑에서 온기를 나누며 서로를 핥아주는 고양이들을 보고
있으니 마음이 포근해지면서 봄이 가까워진 것만 같아
창문을 열었다. 차가운 공기가 날카롭게 목덜미를 스쳐
지나갔다. 내가 햇살에 속아 냉엄한 겨울 날씨를 생각지
못하고 안온한 집 안에서 고양이들을 낭만적으로 바라볼
때, 고양이들은 추위를 견디기 위해 서로의 체온을 나누고
있었다.

애미와 딸들이 머무는 공터가 화수분이라는 소식이
온 동네에 퍼진 모양이었다. 처음 보는 고양이들이 띄엄띄엄
공터와 밥자리에 출몰했다. 애미의 영역에 자신의 자리를
마련해보려는 듯 멀리서 조용히 염탐하거나 제법 가까이
다가와 한참을 기웃거리곤 했다. 하루는 세 모녀가
옹기종기 모여 식사를 하는데 늙고 야윈 고양이 한 마리가
조용히 그들 사이에 끼어들었다. 그러고는 엄청난 속도로
밥을 먹는데, 그 기세가 얼마나 맹렬한지 애미가 먼저
빠져나왔고, 곧 흰눈이 애미 곁으로 물러났다. 식탐이
강한 점순은 무지막지하게 밀고 들어오는 늙은 고양이를
황당하다는 듯 쳐다보다가 자리를 비켜주었다. 늙은
고양이는 기가 막힌 표정으로 자신을 바라보는 세 모녀를
뒤로한 채 정신없이 밥을 먹어치웠다.

애미는 다른 고양이가 영역을 침범하는 것은
싫어했지만 굶주린 고양이가 찾아와 밥을 먹는 것에는
관대했다. 자신의 영역을 존중한다면 불쑥 들어온
고양이에게도 관용을 베풀었고, 언제든 먹이를 양보할 수
있다고 생각하는 고양이였다. 늙은 고양이에게 왜 자신의
영역에 들어왔냐고 따지지 않았다. 삶은 누구에게나 녹록지
않다. 늙은 고양이의 모습이 먹이를 구하려고 산전수전을
꽤나 겪어온 애미의 마음을 건드렸던 게 아닐까. 어쩌면
함께 살아가는 땅에서 나만 살겠다고 기를 쓰면 안 된다는
것을 이해하고 있었는지도 모르겠다.

도시에 사는 고양이는 인간이 빼곡히 세워놓은 구조물 사이사이의 빈틈에서 겨우 자신의 영역을 확보한다. 인간이 자신의 영역을 확장할수록 고양이의 생존은 위태로워지기 마련이다. 그러니 고양이들은 자신의 영역을 확보하려고 서로에게 날을 세우는데, 조금씩 양보하는 것이 결국 득이 된다는 걸 애미는 알고 있었던 것 같다. 애미가 영역을 확보하고 지키는 방식은 인간만큼 야박하지 않았다. 애미가 먼저 물러나며 먹이를 양보한 것은 자식들에게 나눔을 가르치는 행동이자, 오랜 시간 더 많은 일을 겪어온 이에 대한 존중이었는지도.

배불리 먹은 늙은 고양이가 자리를 뜨자마자 나는 다시 밥그릇을 채웠다. 세 모녀가 밥자리로 다가와 앉기가 무섭게 늙은 고양이가 되돌아와 사료를 뺏어 먹었다. 이제는 배고픈 고양이가 아니라 탐욕스러운 고양이처럼 보여서 나는 장대를 휘둘러 늙은 고양이를 내쫓았다. 늙은 고양이는 그 뒤로 다시 보지 못했다.

늙은 고양이가 세 모녀에게 환대를 받았다면, 홀대를 받는 고양이도 있었다. 한눈에도 잘생겼다는 말이 절로 나오는, 뚜렷한 눈매를 지닌 옅은 회색의 고등어무늬 고양이, 이름하여 '잘생긴녀석'. 연일 차디찬 바람이 불던 어느 날, 밥만 먹고 갈 것처럼 굴다가 자연스럽게, 처음부터 일원이었던 것처럼 세 모녀 곁에 자리 잡은 고양이다. 애미는 공터 근방에 눌러앉은 잘생긴녀석 때문에 잔뜩 심통이 나서 녀석이 밥자리로 슬쩍 다가올 때면 앙칼지게 "앙!" 소리치며 끼어들지 못하게 막았다. 잘생긴녀석은 세 모녀가 식사를 마친 뒤에야 남은 밥을 먹을 수 있었다.

애미는 영역에 대한 기준이 명확했다. 들고 날 수는 있지만 머물 수는 없다. 배가 고프다면 먹어라. 다 먹었으면 나가라. 그 선을 지키는 고양이만 애미와 상생할 수 있었다. 그런데 사람이나 고양이나 마음이 참으로 간사해서 여지가 생기면 상대의 말은 안 듣고 자기 이기심만 내세운다.

훗날 깨달은 사실인데, 애미가 공터에 다른 고양이를 들이지 않은 건 이기심 때문이 아니라 다음에 태어날 생명을 위해서였다. 애미에게는 이미 계획이 다 세워져 있었다.

옆집 부부,
고양이 밥그릇을 뒤엎다

대개의 고양이에게 겨울을 나는 것은 삶과 죽음
사이에서 아슬아슬하게 줄타기를 하는 일이다. 그러나
고양이 가족에게 겨울은 혹독한 추위를 견뎌야 하지만
신경 쓸 일이 많지는 않은 계절이었다. 세 모녀는 매일
규칙적으로 밥을 먹을 수 있었고, 사람 발길이 닿지 않는
안전한 피신처를 확보했다. 완벽한 장소는 아니어도
겨우내 쫓겨날 일은 없었다. 가끔 몇몇 고양이가 애미의
영역을 침범했지만 먹이를 구하고자 하는 일이었고, 배를
채우면 곧 자신의 영역으로 돌아갔기에 큰 충돌은 없었다.
이 추위를 견디려면 싸움으로 에너지를 낭비해서는
안 되었다. 문제는 봄이 다가오면서 생겼다. 활동을 움츠렸던
인간이 공터가 제 것이라고 팔 걷어붙이고 나선 것이다.

옆집 아주머니는 봄부터 가을까지 공터에서 텃밭을

일궜다. 옆집 할머니가 소일거리로 시작한 일이 돌아가신 후 며느리인 아주머니 몫으로 남겨졌다. 밭을 일구는 아주머니를 보면서 앞으로 충돌이 일어나는 건 시간문제일 거라고 예감했다. 기억을 더듬어보면 할머니는 내가 대학생이 되던 무렵에 텃밭 농사를 시작했던 것 같다. 대학 생활하랴 직장 생활하랴 공터를 신경 쓸 만큼 집에 머무르는 시간이 거의 없었다. 그렇게 긴 시간 어떤 제지도 받지 않고 밭을 가꾸면서 옆집 가족은 그 땅이 자신들의 소유인 양 굴었다. 주민들 누구도 짓다 만 건물의 잔해가 남아 있는 공터에 관심을 기울이지 않은 탓에 자투리땅을 먼저 활용하기 시작한 사람이 임자가 된 것이다. 고양이 가족은 수확한 작물을 거두고 밭을 정리하던 가을 무렵에 자리를 잡았기에 사람과 부딪힐 일이 없었다. 태어나서 처음으로 인간에게 자신의 영역을 침범당한 점순과 흰눈은 아주머니가 일하는 동안 건물의 지하 공간에 들어가 나오지 못했고 끼니도 걸러야 했다. 나 역시 창문을 열어두고 온 신경을 곤두세운 채 아주머니가 언제 돌아갈지 가늠하느라 모든 일을 뒷전으로 미뤄두었다.

　　아주머니는 땅을 일구고 작물을 심고 벽돌을 쌓아 제 영역을 확실히 구분했다. 서너 시간 뒤에야 자리를 떴고, 그제야 고양이들이 잽싸게 밥자리로 달려 나왔다. 긴 기다림에 화답하듯 사료를 가득 부어주었다.

겨우내 우리 가족이 고양이 먹이를 챙겨주었다는 것을
동네 사람 누구도 알지 못했다. 다들 추위 때문에 창문을
꽉 닫은 채 바깥세상 일에는 관심을 두지 않았으니까.
언 땅이 녹으면서 우리의 비밀도 곳곳으로 새나갔다. 자신의
텃밭에서 고양이가 밥을 먹는다는 사실을 알게 된 옆집
부부는 어느 날 아무런 통보도 없이 고양이 밥그릇을 공터
한가운데에 쌓인 쓰레기 더미로 던져버렸다. 외출했다가
엄마에게 전화로 소식을 전해 들은 나는 부리나케 집으로
향했다. 집으로 가는 내내 어떻게 설득할까 고민했지만 막상
공터에 도착해서 쓰레기 더미에 내동댕이쳐진 밥그릇을
보니 여차하면 싸움이 날지도 모르겠다는 예감이 들었다.
그릇을 제자리에 놓고 쪼그려 앉아 주변을 정리하고 있으니,
옆집 아저씨가 창문을 열고 버럭 소리를 질렀다. "남의
밭에서 뭐 하는 거야!" 올 것이 왔구나. 다짜고짜 소리부터
지르는 걸 보니 차분하게 대화로 푸는 일은 글렀구나
싶었다. 고양이 밥자리가 텃밭 한가운데에 있는 것도
아니고, 우리 집 창문 너머, 공터 끄트머리에 바짝 붙어 있어
문제 될 것이 없었는데 아저씨는 '자기 땅'에서 나가라고
큰소리를 쳤다. 나는 벌떡 일어나 창밖으로 상체를 내뻗으며
소리 지르는 아저씨에게 다가가 어떤 감정도 싣지 않은
목소리로 말했다.

"아저씨 땅 아니잖아요. 고양이 밥자리가 밭에 있는 것도

아니고요. 말도 없이 일방적으로 고양이 밥그릇을 던져버린 무례한 사람은 아저씨잖아요. 이 땅은 공원부지라 경작이 금지된 곳인데 할머니가 적적함을 달래려고 밭을 일군 걸 주민들이 눈감아드린 거잖아요. 그런데 왜 대를 이어 물려받은 아저씨 땅인 것처럼 구세요. 고양이는 할머니가 텃밭 가꾸기 전부터 이 공터에서 살아왔고 할머니가 밭을 일굴 때도 여기서 지냈어요. 구청에 민원 넣었으니 곧 정리될 거예요.”

그랬다. 사실 나는 겨울 내내 우리 앞에 펼쳐질 최악의 상황에 대비했다. 고양이가 텃밭 근처를 지나다니거나 잠시 머문 적은 있어도 밥자리가 마련되거나 오래 머문 적은 없었기에 누군가는 분명 문제 삼을 것이라 생각했다. 일방적으로 자신의 피해만 내세우며 고양이를 괴롭히는 사람이 있다는 뉴스도 자주 접해왔던 탓이다. 고양이와 공생하겠다면 문제 삼지 않겠지만, 만에 하나 고양이를 학대한다면 공적으로 대응할 준비를 해왔다. 고양이가 살아가는 데 필요한 기본 욕구를 해결하는 일은 문제도 아니거니와 사람 사이의 갈등이 자칫 고양이에게 화로 돌아갈 수 있었다. 그래서 사람의 불법 행위를 지적하고 그 태도를 돌아보게 해야겠다고 생각했다. 그렇다면 불법 행위가 발생한 공터에 대해 자세히 알아봐야 했다. 다산콜센터에 연락해 공터의 용도를 문의했고, 며칠

뒤 서초구청 공원녹지과로부터 공터는 사유지가 아닌
서울시에 소속된 공원부지이며 관리부서가 공원녹지과라는
답변을 받았던 것이다.

　구청에서 곧 공터를 정리할 것이라는 내 말이 끝나자
아저씨는 "마음대로 해, 썅!" 하고 욕을 내뱉더니 창문을
닫아버렸다. 아저씨가 바로 옆집에서 사는 이웃이라는
사실이 무색해졌다. 어쩌면 나는 이런 일까지도 예상했던
것 같다. 한 동네에서 십 년을 넘게 이웃으로 살다 보면
자주 부딪히는 일이 없어도 그 사람의 성향을 조금은 알게
된다. 자신의 이익에 반하거나 상대가 만만해 보이면 쉽게
드러내는 폭력적인 태도. 그런 경험이 드문드문 누적되면서
직접 충돌할 경우 상대가 나에게 어떤 태도를 보일지
예상할 수 있었던 것 같다. 욕을 내뱉는 저 아저씨가 나와
같은 인간일지라도 그 앞에서 나의 위치는 오히려 고양이와
더 가깝다는 걸 깨달았다.

　아주머니는 그 뒤로도 굳건히 밭을 일궜다. 그리고
고양이들이 머무는 지하실 입구를 벽돌로 막았다. 여기
살지 말라고, 삶을 살지 말라고. 너희가 어디서 살다가
죽어나가든 내 알 바 아니라고.

혹 사람들이 알기 전에 먼저 양해를 구했어야 한다고
생각할지도 모르겠다. 그런 생각이야말로 지나치게 인간
중심적 사고다. 살아야 하는 일에 양해를 구하다니, 그 어떤

사람의 권리가 한 생명보다 우선한단 말인가. 사람의 생명이 동물보다 우선이라는 주장 역시 받아들일 수 없다. 생명에 위계를 세우면 사람의 생명도 귀한 생명과 버릴 생명으로 나뉠 것이다. 게다가 이 땅은 개인 소유지가 아닌 공공의 영역이고 공원으로 지정된 곳이었다. 옆집을 비롯해 몇몇 사람은 모두의 공간을 자신들의 이기심을 앞세워 유용해왔다. 텃밭에서 소소하게 먹을거리를 길러내는 일 자체를 비판하는 것이 아니다. 땅을 가꾸는 일에 대한 고민 없이 자기 편리대로 벌인 일이 여러 가지 문제를 양산해냈음에도 그들은 여전히 텃밭을 '자기 땅'이라고 주장하고 있었다.

공터에서 텃밭을 가꾸는 건 옆집 아주머니였지만, 사실 다른 동네 사람들도 공원부지인 산자락 곳곳에 텃밭을 꾸리고 있었다. 나는 사람들이 수년에 걸쳐 텃밭을 일군 탓에 발생한 환경오염의 흔적과 피해 사실을 곱씹어봤다. 가장 큰 피해는 두 번의 화재였다. 봄이 다가올 무렵이면 밭을 정리한답시고 불을 놓는 사람들이 있었는데, 어느 해 봄 건조하고 바람이 심하게 부는 날 도심 한가운데서 피운 작은 불씨가 산자락을 타고 번지기 시작했다. 그때 제일 처음 발견하고 신고한 사람이 나였다. 불을 낸 사람이 누구인지는 끝까지 밝혀지지 않았다. 또 한 번의 화재 역시 최초 신고자가 나였는데, 소방차가 좁은 골목을 올라오지 못해 온 동네 주민이 오밤중에 물을 퍼 날라야 했다.

화재만큼 심각한 문제는 쓰레기 무단 투기였다.
누군가 음식물쓰레기가 퇴비라도 되는 마냥 텃밭에
마구 흩뿌려놓았고, 그때부터 사람들이 음식물쓰레기를
종량제봉투에 담아 내놓는 대신 공터에 버리기 시작했다.
그렇게 쌓여간 음식물쓰레기 때문에 날이 푹한 날이면
악취에 시달려야 했다.

이처럼 고양이가 살아가는 일을 내세우지 않아도
공원부지에서의 경작행위는 문제 삼을 여지가 많았다.
정중하게 텃밭을 일구는 일이 불법이라고 말했다 한들,
"집이나 밭 따위가 없는" 공터는 놀고 있는 땅이니 누구라도
이용할 수 있다는 생각, 이 땅에서 나온 모든 산물이 인간의
소유라고 여기는 사람들은 내 말을 귀담아듣지 않았을
것이다. 내가 사람을 설득하는 일보다 활용할 수 있는
제도를 먼저 찾아본 이유다.

이 모든 일이 고양이 때문에 벌어진 싸움 같지만 문제는
고양이가 아니다. 고양이보다 사람이 먼저라는 입장과
고양이의 삶도 존중해야 한다는 입장 차이에서 비롯된
싸움이었다. 나는 고양이를 위해서, 고양이를 대신해서
싸우는 것이 아니라, 고양이 덕분에 알게 된 문제들을
비판적으로 바라보고 사람 사이의 문제로 끌고 오는 우회
전략을 취했다. 그리고 조금 더 나아가 인간 중심적인
태도를 내려놓고, 인간을 정의하는 말들을 의심하며,

고양이 곁에서, 비인간 동물 곁에서 그들을 살리는 일을
고민하고 다른 세상을 상상해보고 싶었다. 고양이에게 밥을
주는 일은 사람으로서 어떻게 살 것인가, 어떤 세상에서
살 것인가에 대한 문제였다.

　나는 공터로 나가서 보란 듯이 지하실 입구를 막은
벽돌들을 치웠다.

애미와 흰눈,
밤마실 나가다

추위를 몹시 타는 내게 겨울은 고된 계절이다. 늘 집 안에
틀어박혀 몸을 찌그린 채 봄이 오길 고대하는데, 고양이
가족을 만나고 맞이한 겨울은 달랐다. 고양이들의 안부를
확인하려고 추위를 무릅쓰고 밖에 나가 동네를 산책하고
다른 사람의 눈치 보는 일 없이 밥을 주고 밤새 꽁꽁
얼어붙은 물에 뜨거운 물을 부어주곤 했다. 그 어느 때보다
부지런 떨며 고양이들의 일거수일투족을 지켜보고 있다고
생각했는데, 사실 나는 고양이들 사이에서 무슨 일이
벌어지고 있는지 눈치 채지 못했다. 때가 되면 밥을 주고
밥을 먹는, 고양이와 나 사이에 형성된 규칙 안에서 우리의
삶이 안정적으로 계속될 것만 같았다.

당시에는 이상한 일이라 생각했지만, 변화의 의미를 미처
알아채지 못한 몇몇 사건이 있었다. 겨울의 끝자락 즈음,

길가에 주차된 자동차 아래에서 애미와 흰눈과 점순이
노닥거리는 모습을 보았다. 무슨 일인가 싶어 쪼그리고
앉았더니 못 보던 고양이가 함께 있었다. 덩치가 크고
얼굴이 넓적한 누런빛 고양이였다. 세 모녀가 낯선 고양이와
어울리는 일이 좀처럼 없었던지라 희한하다고 생각했지만
그러려니 했다. 그 뒤로 낯선 고양이는 종종 공터로 찾아와
흰눈, 점순과 코인사를 나누며 어울려 지내곤 했다. 그에게
'누렁'이라고 이름을 지어주었다.

변화는 또 있었다. 항상 망부석처럼 공터의 밥자리를
지키던 애미가 자리를 비우는 일이 잦아졌다. 밤이면
흰눈을 데리고 공터에서 빠져나가 산속으로 향했다.
왜 점순은 놔두고 둘이서만 밤마실을 가는지 알 수 없었고,
혼자 남겨진 점순을 보고 있자니 왠지 내가 소외당한 듯
속상했다. 점순은 공터 한가운데에 앉아 엄마와 흰눈이

시야에서 사라질 때까지 바라보다가 그들이 완전히
사라지면 언제 그랬냐는 듯 주변의 날벌레를 잡겠다고
폴짝폴짝 뛰어다녔지만.

　　공터 밖을 돌아다니는 애미와 집 앞 골목, 자동차 아래,
담벼락과 건물 사이에서 마주치는 일이 잦아졌다. 문득
애미가 자식들을 떠날 준비를 한다는 생각에 가슴이 철렁
내려앉았다. 고양이에겐 고양이의 사정이 있을 테니 떠나야
한다면 막을 도리가 없다는 것을 알면서도 쉬이 보내고
싶지 않았다. 자식들을 독립시키려는 것이더라도 너무 멀리
떠나지 않았으면 싶어서 먹이를 들고 다녔다. 길에서 애미와
마주치면 밥부터 챙겨주며 멀리 가지 말라고 당부했다.

　　든 자리는 몰라도 난 자리는 티가 났다. 애미가
없는 틈을 타 잘생긴녀석이 찾아와서는 점순과 흰눈을
공격하며 제 힘자랑을 했다. 그때마다 점순은 사냥놀이를
하며 다져온 달리기 실력을 발휘했다. 놀이의 기술이
생존의 기술로 바뀐 순간이었다. 공터 구석구석을 잘 아는
점순인지라 잘생긴녀석은 매번 점순을 놓쳤다. 반면 흰눈은
몇 발자국 도망가다 주저앉아 송곳니를 드러내며 하악질을
했지만, 뒤로 바짝 젖혀진 귀를 보건대 두려움에 사로잡혀
있었다. 처음에는 몰랐는데 잘생긴녀석의 공격이 반복될
때마다 점순은 의도적으로 흰눈의 반대편으로 도망쳤다.
흰눈을 보호하려는 것 같았는데 그 이유는 알지 못했다.

나는 누렁이 나타나고, 애미가 공터 밖으로 나돌고,
잘생긴녀석이 영역을 침범할 때마다 부산스러운 움직임들을
쫓느라 그 의미를 읽어내지 못했다. 그 와중에 옆집
아주머니까지 신경 써야 해서 3월 한 달을 정신없이 보내고
봄기운이 제법 감돌기 시작할 무렵에야, 흰눈의 부른 배를
보고서야, 그동안의 변화가 그냥 일어난 일이 아니었음을
깨달았다. 고양이의 임신 기간은 약 60일. 두 달 전에 출현한
수컷은 누렁뿐. 아마도 꽃샘추위가 오기 전에 누렁과 흰눈이
교미를 했고, 그렇게 누렁이 세 모녀의 영역에 자연스레
들어왔던 것이다. 고양이가 생후 여섯 달이 지날 무렵부터
새 생명을 가질 수 있다는 걸 알았지만, 활자로 접한 지식과
직접 관찰하고 경험한 것을 제대로 연결하지 못한 탓에
그저 어리둥절하며 지켜볼 수밖에 없었다.

　　그제야 애미가 왜 밤마다 흰눈과 밤마실을 나갔는지
알 것 같았다. 상상력을 발휘해보자면, 출산과 육아에 대한
정보를 전해주면서 흰눈이 앞으로 자식을 키워나갈 영역을
제대로 파악하게끔 하려던 게 아니었을까. 점순은 그때마다
홀로 남아 영역을 지켰고. 고양이들 사이에서 벌어지는 영역
다툼은 결국 먹이를 구하는 일, 생존과 직결되는 일이다.
새로운 세대의 출현은 먹이 경쟁이 더 치열해진다는 걸
의미했다. 애미는 지금 흰눈이 잘생긴녀석을 막지 못한다면
앞으로 자식 지키는 일에 번번이 실패할지도 모른다는
사실을 예감했으리라. 그래서 잘생긴녀석이 영역을 침범해도

돕지 않았던 게 아닐까. 이 땅은 지난 반년간 치열하게
지켜낸 곳이었다. 애미는 자기 자식뿐 아니라 손주들의
삶까지 생각하고 있었다.

빠른 전개에 나만 숨이 가빴다. 고양이들의 행동을 유심히
지켜본들, 그 의미를 정확히 읽어내기는 거의 불가능했다.
그렇다고 고양이들이 내게 '이런 일이 일어날 예정입니다'
하고 알려주는 것도 아니니 그들의 일을 따라잡기란
어려웠다. 그간의 관찰로 고양이들의 생활에 대해 제법 알게
됐다고 생각했는데 나만의 착각이었다.
　　고양이의 시간은 사람의 시간과 다르게 흘러간다.
고양이는 흘러가는 시간을 사람과 다르게 감각한다.
고양이에게 계절의 변화는 새 생명을 낳는 일에 결정적인
역할을 한다. 따뜻한 봄에 자식을 낳고 돌보다가 다음
겨울이 오기 전에 독립시키려면, 봄이 오기 전에 자식을
품어야 한다. 내가 추위가 물러가길 바라며 새로운 계절을
기다리는 동안, 고양이는 생존확률을 높여 대를 이어갈
계획을 세우고 있었다. 그렇게 공터에 고양이가 자리 잡은
지 여섯 달 만에 세대교체가 이루어지고 있었다.

아랫집 아저씨의
돌멩이 공격

구청에 제기한 민원은 한참이 지나도록 해결될 기미가
보이지 않았다. 아무 일도 일어나지 않자 옆집 부부는 내가
거짓말을 했다고 여기고는 다른 이웃에게 나에 대한 불만을
토로했다. 동네일에 시시콜콜 간섭하는 아랫집 아저씨도
덩달아 고양이가 대단한 문제라도 되는 듯 굴었고, 고양이가
눈에 띄면 돌을 던지거나 장대로 위협을 가했다. 고양이
학대 현장을 목격하면 나는 주저 없이 제지하며 그런
행동이 바로 동물학대라고 지적했고, 그들은 망신당한 것이
분했는지 어이없는 표정을 짓곤 했다. 이런 일이 몇 번
반복되자 나에게 불만을 품은 사람이 점점 늘었다.
고양이에게 밥을 주니까 고양이가 꼬인다며 이 마을이
오염이라도 된 양 유난을 떨었다. 혐오의 말은 귀에 담지
않으려 해도 가시처럼 박힌다. 말이 박히면 혼자 힘으로는
당최 뽑아내기가 어려운 법. 점점 위축되는 기분이었고,

혹시라도 내가 아닌 고양이를 괴롭힐까 봐 염려되어
일시적으로 후퇴하기로 했다. 사람들의 눈을 피해 밥자리를
이동하기로 마음먹고 적당한 자리를 물색했다.

아침저녁으로 고양이들이 찾아오면 사료통을 들고 나갔다.
통을 흔들면 달그락달그락 소리에 고양이들이 귀를 쫑긋
세웠다. 그 소리가 밥시간 신호라는 것을 알아채고부터는
고양이들이 나를 따라나섰다. 자동차 밑이나 외진 건물 뒤,
마당 구석, 급기야 뒷산까지 올라가서 밥을 줬다. 사람의
눈을 피해 매번 다른 곳에서 밥을 주려니 여간 힘든 일이
아니었다. 고양이들도 달라진 방식에 불안해하는 기색이
역력했다. 이제 더는 네모난 창문에서 밥이 나오지 않는다는
걸 이해한 흰눈은 위험을 무릅쓰고 내가 사는 빌라 1층까지
찾아오기도 했다. 계단 아래에서 다소곳하게 웅크린 채 나를

기다리는 모습을 마주했을 땐 얼마나 울컥했는지. 내가 아닌 밥을 기다리는 것이었는데도 말이다. 밤에 길가에 쌓인 쓰레기 더미를 뒤지며 먹을 것을 찾는 점순을 본 날에는 억장이 무너졌다. 애미가 알려준 사냥감은 눈 씻고 찾아도 보이질 않고, 밥 주던 사람의 행동도 달라지자 궁여지책으로 쓰레기를 뒤지기 시작한 것이었다. 이게 길고양이의 현실이라는 사실을 직면하니 마음이 쓰렸다.

길에서 밥을 주기 시작하면서 고양이를 보면 발을 구르며 위협하는 사람들을 심심찮게 만났다. 그런 사람들을 보면 화가 났지만 한편으로는 도대체 왜 그러는지 이유를 알고 싶었다. 그들을 이해하고 싶은 게 아니었다. 결단코 이해할 수 있는 일이 아니니까. 마음 같아서는 그들을 쫓아가서 밥을 먹을 때 그 행동을 똑같이 되돌려주고 싶었다.

하루는 지나가던 아주머니가 이해할 수 없다는 표정으로 왜 고양이에게 밥을 주냐고 묻기에 나도 물었다. 왜 고양이를 싫어하냐고. 아주머니의 대답은 간단했다. 고양이는 요물이라서 그렇단다. 이 오래된 편견. 아주머니는 오랜 시간 사람들 입에 오르내린 말을 별생각 없이 내뱉었다. 왜 요물이라 불리는지, 고양이는 어떤 삶을 사는지 생각해본 적이 있을까. 맥 빠지는 이유였지만 어쩌면 아주머니를 설득할 수 있을 것 같아서, 그럴 수 있을지도 모른다는 자신감이 이상하게 솟아나서 간단하지만

재빠르게 그리고 친절하게 고양이에게 밥 주는 이유를
설명했다.

"고양이는 사람 곁에서 지내며 쥐를 사냥하는 동물이에요.
도시의 쥐는 하수도를 따라 번식하기 때문에 사냥하기가
쉽지 않지만요. 고양이는 배가 불러도 사냥하는 습성이
있어서 쥐가 지상으로 올라오면 언제든 쥐를 잡아요.
당연히 고양이가 머무는 동네는 상대적으로 쥐의 번식력이
약해지고요. 눈에 보이진 않지만 고양이는 하루 평균
쥐 열 마리 정도를 잡는데요, 덕분에 쥐가 인간이 만든
기반시설을 망가뜨릴 확률이 낮아져요. 고양이가 사람을
쳐다보는 모습이 무섭다고 하는데 사실 그 반대예요.
무서워서 사람을 쳐다보는 거예요. 고양이는 보통 사람의
십 분의 일 크기잖아요. 약자는 당연히 고양이죠. 사람이
해코지하면 도망가려고 준비하는 거예요. 고양이를
도둑고양이라고들 하는데 틀린 표현이에요. 인간 때문에
먹이를 구하기 힘들어졌지 뭘 훔친 적은 없으니까요. 그리고
무엇보다 살아있는 생명이니 먹어야죠. 길고양이라는
표현도 다시 생각해봐야 하고요. 고양이는 일정한 영역
내에서 살아가고 있는 동네고양이라고 이해해야 해요."

아주머니는 새삼스러운 표정으로 고개를 끄덕였다. 나는
아주머니를 설득했다는 뿌듯함보다 한 생명이 살아야 할

이유가 인간에게 이득이 되기 때문이라고 설명한 것이 못내 찝찝했다. 그간의 경험을 돌아봐도 사람들을 설득하려면 사람에게 이로운 점을 설명해야 했다. '먹이를 주니까 고양이들이 꼬인다'라는 말은 머릿속에 박힌 채 오랫동안 나를 괴롭혔다. 먹고살 만한 곳으로 꼬이는 건 사람도 마찬가지 아니던가. 저열한 자기부정이 영 불편했다. 요즘은 덜하지만 한때 이 나라는 명절이면 대도시에서 소도시로 향하는 귀성행렬로 고속도로가 주차장이 되곤 했다. 그 많은 사람이 먹고살려고 아무 연고 없는 대도시로 꼬여야 했다. 살아있는 것들은 모두 살 방편이 있는 곳으로 모여든다. 그럴 때는 같이 살 방도를 마련하면 될 일이지 꼬인다며 텃세를 부리고 차별할 일은 아니잖은가.

하루는 아랫집 아저씨가 씩씩거리며 공터로 뛰어와 돌멩이를 집더니 있는 힘껏 던졌다. 돌멩이가 향하는 쪽에서 점순이 황급히 도망치고 있었다. 분명 얌전히 앉아 있는 것을 봤는데 왜 저러나 싶어 무슨 일이냐고 물으니, 자신의 창고 지붕으로 뛰어내리며 시끄럽게 굴었다는 것이다. 그렇다고 돌을 던지면 되겠느냐, 뛰어내린 고양이가 저 고양이인지 아닌지도 모르면서 왜 아무 고양이에게 화풀이를 하냐고 따져 물었다. 아저씨는 지적당한 것이 기분 나빴는지 화풀이 대상을 나로 바꾸고는 한바탕 욕을 쏟아부으며 말했다. 어린 너와는 대화가 안 되니 부모를

데려오라고(도대체 여성은 몇 살이 되어야 어른과 대화를
할 수 있는가).

옆집 부부와 아랫집 아저씨가 나를 대하는 태도,
고양이 밥을 챙기는 나를 보던 사람들의 눈빛의 함의를
그제야 깨달았다. 고양이들이 밥자리 디아스포라 생활을
한 것은 전적으로 내 탓일지 모르겠다는 생각이 들었다.
그들의 문제적인 행동에 대응하는 내 태도가 분명하지
않으니까 자신들의 태도를 점점 더 합당하다고 여겼던
것이다. 직접 얼굴 붉히며 싸우자니 근본적인 해결이 될
성싶지 않았다. 약간의 오기와 강한 책임을 느끼며 '어린'
중년 여성이 뭘 할 수 있는지 보여주겠노라 다짐했고,
나를 도와줄 사람들을 찾아 나섰다. 내 주변이 적이라면
적 주변을 내 편으로 에워싸겠다!

동물보호단체에 연락했고, 동물보호법을 찾아봤으며,
동네에서 고양이들에게 밥자리를 마련한 사람들을 찾아
나섰다. 구청에 강력 대응을 촉구하는 민원을 넣었고
마지막으로 밥자리를 원상 복구했다.

흰눈의
첫 출산

5월의 첫날부터 거센 비바람이 몰아쳤다. 해마다 당연하지
않은 날씨의 이변이 난무한다. 변덕스러운 날씨 속에서
흰눈의 출산일이 다가왔다. 비가 잠시 잦아들자 점순이
지하실에서 밥자리로 부리나케 달려 나오기에 얼른
밥을 챙겨주었다. 점순은 허겁지겁 먹더니 다시 지하실로
들어갔다. 흰눈이 나타나지 않아 걱정이었지만 딱히 나서서
할 수 있는 일도 없으니 기다리는 수밖에.

　　다음 날 이른 아침에 집을 나서다가 흰눈을 마주친
엄마는 밥을 챙겨주며 몸태를 보니 배가 좀 들어간 것이
밤사이 출산을 한 것 같다고 하셨다. 나는 그다음 날에서야
창문 너머로 흰눈을 볼 수 있었다. 흰눈은 점순 옆에 나란히
붙어 앉아 휴식을 취하고는 다시 모습을 감췄다. 한 번
지하실로 들어가면 반나절 정도는 나오지 않았고, 밖으로
나오면 밥을 먹고 휴식도 경계도 아닌 애매한 자세를 취한

채 볕을 쬈다. 아마 그때가 갓 태어난 자식들이 단잠에 들어 흰눈이 잠시 숨을 돌릴 수 있는 시간이었을 것이다. 사람과 다를 바 없다. 자식이 쌔근쌔근 잠들었을 때라야 자기 욕구를 해결할 수 있는 것은 사람도 마찬가지니까. 그렇게 흰눈은 엄마가 되었다.

점순은 폐건물 더미에 올라 주변을 경계하고 영역을 순찰했다. 낮에는 새 구경, 밤에는 날벌레를 쫓으며 혼자서도 잘 놀던 해맑은 녀석이 갑자기 어른이 되어버렸다. 잘 시간이 되면 지하실로 들어가지 않고 입구 근처에 적당히 자리를 잡고 잠을 청했다. 누구도 지하실로 들여보내지 않겠다는 의지가 결연해 보였다. 두 자매가 공터에 나란히 앉아 먹고 졸고 장난치고 서로를 그루밍 해주던 게 불과 몇 달 전인데, 순식간에 모두 어른이 되어서 새로운 생명을 책임지는 세대가 되었다. 그렇게 점순은 이모가 되었다.

누렁의 방문이 잦아졌다. 하루에도 몇 번씩 찾아와 지하실에서 한참을 머물다 나왔다. 누렁은 둥글넓적한 얼굴에 의젓한 태도를 지녔다. 높은 곳에 앉아 주변을 내려다보는 모습이 꼭 인자한 부처처럼 보였다. 흔히 수고양이는 육아에 관여하지 않는다고 하던데 내가 확인한 모습은 딴판이었다. 흰눈이 영역을 지킨다면(보통 그렇지만 점순이 그 역할을 대신하고 있었다) 누렁은 영역 주변을 돌며 위험요소가 없는지 순찰하곤 했다. 위급한 상황이 닥치면 언제든 달려올 수 있도록 적정 거리를 유지하면서 말이다. 흰눈과 점순의 아빠도 누렁이처럼 근처에 있다가 무슨 일이 생기면 달려왔고, 자식들이 독립할 때쯤 영원히 안녕을 고했다. 누렁이 태어난 자식들과 보낼 수 있는 시간도 고작 대여섯 달뿐일 것이다. 그 시간을 충실히 보내기 위해 바지런히 공터 안팎을 오가며 누렁은 아빠가 되었다.

흰눈과 누렁이 사이는 꽤 돈독했다. 수유에 지친 흰눈이 공터에 나와 쉬고 있으면, 누렁은 자신의 코로 흰눈이 코를 톡톡 치며 안부 인사를 건네곤 했다. 멀리서 지켜봐도 그것이 애정 표현이고 안부 인사라는 게 느껴졌다. 가끔 흰눈은 앞발로 누렁의 머리를 톡톡 건드렸는데 그럴 때면 누렁은 피하지 않고 얌전히 받아들였다. 그 모습이 꼭 흰눈이 누렁의 실수를 나무라면 누렁이 수긍하며 받아주는 것처럼 보였다. 그들을 볼 때마다 엄마아빠가 된다는 것은 단지 함께 자식을 돌보는 데서 그치지 않고, 서로를 돕고 서로에게 예의를 다하는 관계로 거듭나는 일이라는 생각을 했다.

애미는 여전히 공터 주변을 배회했다. 흰눈이 출산을 하면 다시 공터로 돌아오리라 예상했지만 계속 주변을 맴돌며 숨어 지냈다. 하루는 버려진 의자 아래에 숨어있는 애미와 마주쳤다. 빛이 잘 들지 않는 컴컴한 곳에서 포복 자세로 몸을 낮춘 채 숨을 죽이고 두 눈만 껌뻑이는 애미의 모습은 참호에서 적의 동태를 살피는 군인과 다를 바 없었다. 처음엔 애미가 떠날 준비를 하나 싶었지만 그러기에는 여전히 애미의 관심이 공터를 향하고 있었다. 그렇다면 남은 이유는 하나, 손주를 향한 걱정과 기대 때문이 아니었을까. 문득 애미는 나이가 제법 들도록 한 번도 손주를 본 적이 없었을지도 모르겠다는 생각이 들었다. 너무 일찍 죽은 방자와 네로, 수시로 공격받는 흰눈과 점순. 이들에게 한 해를 넘기는 일이란 신의 은총 없이는 불가능할 것 같았다. 물론 고양이가 신의 가호를 바라진 않겠지만. 애미는 아직 동네고양이들에게 맞설 정도로 몸이 회복되지 않은 흰눈과 젖도 떼지 못한 손주들이 눈에 밟혀 떠나지 못한 게 아닐까. 자신에게 어떤 책임이 주어졌음을 느낀 게 아닐까. 이런 생각에 이르자 그간의 행동들이 자연스럽게 연결되었다. 새끼고양이들이 지상으로 나오려면 두어 달을 기다려야 했다. 생애 그 어느 때보다 돌봄과 도움이 필요한 시기. 애미는 매일매일 공터와 우리 집 주변 반경 50미터 이내를 순찰하며 동네고양이들의 동태를 살폈다. 그 덕에 나도 애미를 찾아 동네를 열심히 돌아다녀야 했다. 동선과 숨어있는 곳이 매번 달라서 우연히 마주치면 서둘러 밥을 주었다. 애미는 공터에서 나를 대할 때와는 다르게 경계심이 높아졌다. 늘 정면으로 마주하던 사람을 갑자기 올려다봐야 하는 데서 위화감을 느꼈을까. 애미는 걱정과 기대를 안고 매일을 견뎌내고 있었다. 그렇게 애미는 할머니가 되었다.

흰눈이 엄마가 되고 점순이 이모가 되고 애미가 할머니가
되었을 때, 나는 동네 반장이 되어가고 있었다. 애미에게
밥을 챙겨주려면 고양이가 숨을 만한 곳, 볕 좋은 곳, 사람
발길이 잘 닿지 않는 동네 구석구석을 유심히 살펴야 했다.
부지런히 돌아다니다 보니 본의 아니게 동네 사람들의
집 주변을 기웃거리는 일이 잦아졌다. 한 동네에 오래
살았다 한들 도시 생활이란 모름지기 서로를 모르는 척하며
지내는 게 예의인지라 동네 사람과 동네일에 관심을 둔 적이
없었는데, 자연스레 집집마다 어떤 사람들이 사는지 알게
되었다. 이 집 저 집 기웃거릴 때마다 마주친 사람들의 태도,
쓰레기를 버리는 방식을 보면 그들의 생활 방식이 조금은
읽혔다.

　　주로 1인 가구가 사는 빌라 앞에는 늘 배달음식 용기와
남은 음식물을 제대로 분리하지 않은 채 내다버린 쓰레기가
쌓여 있었다. 그 주변에서 쓰레기를 뒤지는 고양이들을
자주 마주쳤다. 고양이들은 가끔 마당 있는 집의 텃밭에
변을 보곤 했는데, 그 때문에 단독주택에 사는 사람들은
고양이가 마당에 들어오면 큰소리치며 내쫓기 일쑤였다.
어느 날은 저녁 산책을 하다가 담장을 따라 걷는 고양이와
마주쳤다. 그때 어느 집 대문에서 한 아저씨가 나오다
고양이와 부딪힐 뻔했고 서로 놀라 뒷걸음질 쳤다. 아저씨는
화가 났는지 대문 뒤에 세워둔 긴 쇠막대를 들고 나와
자동차 밑으로 숨어들어간 고양이를 향해 마구 휘둘렀다.

그 순간 고양이가 죽을지도 모른다는 생각에 나도 모르게
버럭 소리를 질렀다. "아저씨, 뭐하시는 거예요!" 아저씨는
무슨 상관이냐고, 자신이 고양이 때문에 엄청난 피해를
입었다고 소리 지르며 다가왔다. 나도 눈을 부릅뜬 채
물러서지 않았다. 지나가던 사람들의 시선이 느껴지자
아저씨는 쇠막대를 들고 집으로 들어갔다. 고양이는
사람들이 싸우는 틈을 타 어느 집 담장을 타고 도망쳤다.
아이와 사는 집은 고양이에게 대체로 우호적이지만 예외도
있었다. 부모가 자식 보는 앞에서 고양이를 학대하면
아이들도 곧잘 따라했다. 하루는 초등학생 남자아이가
차 밑에 숨은 고양이를 겁주고 있었다. 왜 그런 행동을
하냐고 물으니 자기를 쳐다봐서 그렇단다. 아이에게
차분한 목소리로 덩치 큰 남자 어른이 네가 쳐다봤다는
이유로 위협을 가하면 어떻겠느냐고 물었더니 아이는 너무
무서울 것 같다고 답했다. 지금 고양이 심정이 딱 그렇다고
말해주었다. 그제야 아이는 그런 생각까진 못해봤다면서
앞으로 안 그러겠다는 약속을 남기고 집으로 향했다.
아이들은 어른보다 공감 능력이 뛰어났다. 외려 화를 내며
고양이에게 더 심한 해코지를 가한 건 어른이었다.

나는 사람의 지도에 고양이의 지도를 포개고서야 비로소
그동안 보지 못한 세상을 그려볼 수 있었다. 사람이 만든
길 위에 고양이가 다니는 길, 고양이가 몸을 피하는 곳,

고양이가 머무는 곳, 고양이가 먹이를 구하는 곳을 겹쳐
보니 왜 고양이가 저곳에 사는지, 왜 저 길을 이용하는지
이해할 수 있었다. 고양이가 피하는 곳, 고양이가 모이는
곳을 살피다 보면 누가 고양이를 싫어하는지, 누가
고양이에게 관대한지가 여실히 드러났다.

　　고양이가 사람이 버린 음식물쓰레기를 먹지 않고,
학대받지 않고, 위협을 느끼지 않고 살아가려면 사람들의
노력이 필요했는데, 반장 혼자 할 수 있는 일은 많지 않았다.
고양이와 살아가려면 나 혼자 움직일 게 아니라 온 마을이
협심해야 했다. 그렇게 나는 동네 반장을 자처하며 내가 할
수 있는 일이 무엇인지 찾기 시작했다.

점순과 누렁의
짝짓기

고양이들의 삶을 관찰하면서부터 매일 날씨를 확인하는
것이 일상이 되었다. 궂은 날씨에는 밥자리에 비가 들이치지
않도록 관리하는 것이 중요하기 때문이다.

　그날 하늘은 회색 구름으로 뒤덮여 있었다.
강수확률과 강수량을 봐도 비가 정말 내릴지, 얼마나
내릴지, 부슬비일지 장대비일지 소나기일지, 사람인 나는
잘 모르겠는데 고양이는 그날의 날씨를, 어떤 비가 내릴지를
느끼는 것 같다. 젖는데 젖는지 모르는 비, 맞아도 맞는지
모르고 위험하지 않은 비, 조금 맞아도 괜찮은 비가
어떤 신호인 걸까. 보슬보슬 부슬부슬 내리는 가랑비가
교미하기에 안전한 날인가 보다. 이맘때 애미가 그랬던
것처럼.

좀처럼 끼니를 거르는 일 없는 점순이 밥을 먹지 않았다.

다른 고양이들은 비를 피해 각자의 피신처로 숨었는데 공터에 점순과 누렁만 보였다. 누렁은 폐건물 더미 위에 앉아 점순을 지켜봤고, 점순은 몸을 낮게 웅크린 채 갸르릉 소리를 내더니 좌우로 뒹굴었다. 고양이들이 기분 좋을 때나 긴장을 해소할 때 내는 일명 골골송과 비슷했지만 좀 더 낮은 음에 한 호흡이 긴 소리였다. 분명 고양이들끼리 소통하는 중일 텐데 사람의 귀로는 그 의미를 읽어내기가 어려웠다. 누렁은 꼼짝 않고 앉아 점순에게 온 신경을 쏟고 있었다. 점순 역시 몸의 변화를 받아들이려고 애쓰면서 온 감각을 누렁에게 집중시켰다. 절대 함부로 끼어들면 안 될 것 같은 팽팽한 긴장감이 공터를 가득 채웠다.

갑자기 누렁이 벌떡 일어나 점순에게 다가갔고, 점순은 재빠르게 도망쳤다. 다가가고 멀어지는 행위를 몇 번이고 반복하고 있는데 누군가 찬물을 확 끼얹었다.

구청에 민원을 넣은 게 지난겨울의 일인데, 여름을 코앞에 두고서야 드디어 구청 공무원들이 공원 정비 작업을 한다고 방문한 것이다. 하필이면 아주 중요하고 중요한 순간에. 요란하게 판을 벌이려던 점순은 후다닥 지하실로 숨었다. 공무원들은 공터를 포함해 언덕 곳곳에 '경작 금지', '쓰레기 무단투기 금지' 경고와 위반 시 벌금 내역이 적힌 팻말 다섯 개를 세웠다. 팻말 설치 작업은 한 시간 남짓 걸렸지만, 고양이들은 사람들이 떠나고도 한참을 숨었다가 늦은 오후가 되어 나타났다.

몇 시간 동안 응축된 에너지는 누렁과 점순이 공터에서 다시 마주치자마자 폭발하고 말았다. 점순은 또다시 갸르릉갸르릉 소리를 냈고, 앞발로 나무 기둥을 붙들고 몸을 일으켜 세우더니 기둥에 등과 얼굴을 비볐다. 그러다 누렁이 자신에게 달려들면 아직은 아니라는 듯 슬며시 빠져나와 거리를 두었다. 잡힐 듯 말 듯 자꾸만 누렁에게서 빠져나가는 점순이 행동의 의미를 알 수 없었다. 게다가 이 애정행각이 성사되면 일어날 일들을 생각하니 좀 아찔해졌다. 이 몹쓸 인간적인 마음 때문에 나는 고양이의 일에 끼어들었다. 분무기에 물을 담아 창가에 바짝 붙어 섰다. 누렁이 점순에게 달라붙을라치면 칙칙 물을 분사했다. 족히 세 시간 동안 벌어진 그들의 애정행각은 나의 불안과 초조함에 의한 방해 공작에도 불구하고 성공적으로 끝났다. 인간의 예의 없는 행동은 다행히 고양이들에게 큰 영향력을 미치지 못했다.

당장 눈앞에서 벌어지는 일에만 몰두하니 고양이 행동의 의미를 제대로 파악하지 못하고 있다는 생각이 들었다. 개체 수가 많아지면 생길 여러 문제를 감당할 자신이 없다고 교미를 방해하는 내 행동은 얼마나 주제넘는가. 세상은 인간의 의도로만 작동하지 않는다는 사실을 자꾸만 잊어버린다. 인간의 성은 온갖 낭만적 서사로 미화하면서 동물의 성은 단순한 '교미'로 치부하고 번식에 따른 개체 수를 따지는 것은 얼마나 오만한가.

점순은 누렁과 교미하고 서러웠던 날들의 복수를 다짐했던
모양이다. 다음 날 공터 옹벽에서 의기양양한 태도로
아래쪽을 내려다보며 비아냥거리는 투로 웅얼거렸다. 무슨
말인지 알아들을 순 없었지만 분명 어떤 감정을 감지할
수 있었다. 누구에게 저러나 싶어 점순의 시선을 따라가니
잘생긴녀석이 황당한 표정으로 올려다보고 있었다. '겁도
없이 나한테?' 이런 표정쯤 되겠다. 점순의 당당한 태도에
나도 놀랐는데, 그 순간 어디선가 누렁이 나타나 점순 옆에
서서 잘생긴녀석을 내려다봤다. 그제야 상황이 파악되면서
웃음이 터졌다. 점순에게 믿을 수 있는 동지가 생긴 것이다.
누렁은 옹벽을 타고 뛰어내렸다. 화들짝 놀란 잘생긴녀석이
잽싸게 뛰어서 자동차 밑으로 숨어들었다. 누렁은 끝까지
쫓아가 으름장을 놨고, 잘생긴녀석이 살려달라고 비는
것으로 상황이 종료됐다.

　　점순이 마음이 충분히 이해되었다. 그간 흰눈이
잘생긴녀석 때문에 얼마나 고생하고 불안에 떨었는지.
점순이 얼마나 초조해하며 도망치고 숨고 바짝 엎드려
빌어야 했는지. 그런 잘생긴녀석을 말려보겠다고 나는
또 얼마나 자주 밖으로 뛰쳐나갔던가. 점순은 부른 배를
안고 뛰고 싶지도, 배를 깔고 누워 공포에 떨고 싶지도
않았으리라.

점순은 자신이 처한 상황을 기민하게 파악하고 주변 고양이나 지형을 이용해 영민하게 해결하는 고양이였다. 흰눈이 처음 겪는 모든 일을 힘겹게 버텨냈다면, 점순은 흰눈 곁에서 보고 배운 것을 양분 삼아 자신에게 다가올 일을 대비했다. 그러나 점순은 그해 자식을 보지 못했다. 인간의 개입은 실패했지만, 세상에 존재하는 수많은 우연이 찾아든 것이다. 나는 고양이 개체 수를 걱정할 것이 아니라, '인간적'이라는 말의 의미를 파헤쳐봐야 했다.

구청 게시판에
민원을 올리다

구청에서 경고 팻말을 설치하고 며칠 뒤, 날이 더워 밤에도
창문을 열고 지내는 탓에 듣지 않아도 될 말을 듣고 말았다.
아랫집에서 대화하는 내용이 고스란히 벽을 타고 위로
올라와 내 방으로 흘러들었다. 옆집 아주머니와 아랫집
부부가 나를 욕하는 내용이었다. 내 얘기라 그런지 주파수
잘 맞춘 라디오 소리처럼 선명하게 들렸다. 대화는 옆집
아주머니가 자신이 일하는 의류 공장에서 만든 옷을 아랫집
아주머니에게 선물하면서 시작되었다. 아랫집 아주머니가
기뻐하며 감사 인사를 전했고 화기애애한 분위기 속에서
옆집 아주머니의 속내가 드러났다. 요는 공터에 세워진
팻말을 내가 만들어 세워놓고는 구청에서 했다고
거짓말한다는 것이었다. 그 말에 아랫집 부부가 동조했는지
이어서 나의 인성에 대한 난도질이 시작되었다. 나이도
어린 것이 못되고 되바라졌다고. 텃밭도 망쳐놨겠다 이제는

자신들을 해코지할까 봐 겁이 나 대거리도 못 하겠다고.
서로 맞장구치는 목소리가 덩실덩실 춤추듯 흥겹다.
자기편을 확인한 옆집 아주머니는 만족한 목소리로 인사를
건네고 집으로 돌아갔다. 한패가 되어줄 사람이 있다는
사실에 힘이 났는지 옆집 문이 세차게 열렸다 닫혔다.

　　분기탱천했지만 곧 마음을 진정시키고 옆집 문을
두드렸다. 인간적인 기대는 접어두고 따질 것만 따졌다.
의심스러우면 구청에 전화하고 누군가를 욕하고 싶으면
제대로 잘 숨어서 하시라고. 잘못을 무마하려고 남을
욕하지 말고 자신이 타인에게 어떤 피해를 주고 있는지
먼저 생각하시라고. 정 이해가 안 되면 당사자에게 직접
얘기하시라고. 어린애 취급받을 나이 아니고 설사 정말
어린애라면 더더욱 뒤에서 욕하는 일은 하지 마시라고.
그게 어른의 일은 아닌 것 같다고. 내 할 말만 쉬지 않고

내뱉었다. 아주머니는 당황해서 어찌할 바를 모르는
표정으로 알았다고, 미안하다고 답했다. 비방과 비난을
듣고 할 말을 하고 나니 차라리 홀가분했다. 그렇게 옆집과
아랫집에 대한 여러 감정적인 부담을 내려놓았다.

공터를 공원으로 되돌리는 일에 더욱 박차를 가해야겠다
싶어 그동안 기록해둔 공터와 뒷산의 상황을 정리해서
구청 게시판에 올렸다. 그간의 상황은 이러했다. 사람들이
공터에 함부로 음식물쓰레기를 버린 탓에 단단했던
땅이 물컹해졌고, 봄부터 가을까지 온 동네에 썩은 내가
진동했다. 동네 주민 누군가는 뒷산의 나무들을 뽑아버리고
텃밭을 일궜다. 작은 잘못이 쌓여 처참한 결과를 불러왔다.
나무가 뿌리째 뽑히면서 지반이 약해진 탓에 폭우가
내릴 때마다 균열이 생겼고, 때마침 토사가 흘러내리는

것을 막으려고 쌓은 옹벽이 세월의 힘을 이기지 못하고
부서지면서 뒷산의 흙과 함께 공터로 쏟아져 내렸다. 옆집
부부를 비롯해 공터에 밭을 꾸리는 사람들은 작물 위로
그늘이 진다며 뿌리째 뽑기 어려운 크고 굵은 나무들을
거리낌 없이 베었다. 이렇게 막무가내로 농사를 짓는다면
우리 집 바로 뒤에 있는 옹벽도 무너질 수 있었다. 나는
일련의 불법행위를 하나하나 설명하고 마지막으로
과거의 사건 하나를 언급했다. 몇 해 전 여름, 이 지역에서
집중폭우로 인해 대규모 산사태가 발생했다. 어마어마한
토사가 순식간에 흘러내려 8차선 도로를 넘어 맞은편
아파트를 덮쳤고, 아래층에 살던 주민들은 큰 피해를
입었다. 재판에서 관리 소홀에 대한 구청의 책임이
인정되면서 주민이 승소한 사건이었다. 나는 구청에서
또 다른 피해를 만들지 않길 당부했다.

　　게시판에 글을 올린 다음 날, 담당 공무원이 현장
확인차 찾아와서 공터와 뒷산을 둘러봤다. 내가 요구한 것은
훼손된 공원을 복구할 구체적인 실행계획이었다. 공무원은
문제의 요점을 이해했고 조속히 대책을 마련하겠다는 말을
남기고 돌아갔다.

사람들은 텃밭 일구기를 자연친화적인 일이라 여기는데,
생산력을 최대한 끌어올리도록 경작되는 농경지는
농사에 최적화된 비옥한 땅일 뿐, 생물 다양성이 보존되는

자연친화적인 땅이 아니다. 공원도 크게 다를 바 없다. 도심 속 '자연'이라 불리는 공원도 사람을 중심에 두고 조성된다. 산책하고 약수를 마시고 운동을 할 수 있는 곳. 당연히 공원에서의 텃밭 조성이 불법이라는 생각조차 하지 않는다. 나는 그동안 사람이 독차지한 땅을 다른 생명체들에게 좀 더 내주고 싶었다. 다른 생명체에게 관심을 기울이고, 다른 생명체가 살아갈 자리를 마련하고 싶었다. 도심 속 작디 작은 공원이 최소한의 생태계가 유지되는 공간이 되고 나아가 사람의 길처럼 연결되길 바랐다.

그러려면 도시에 대해 다시 생각해봐야 했다. 도시는 인간이 이룬 것, 자연의 법칙을 이겨내고 만든 인간 지성의 산물이라는 생각이 지배적이니 도시를 오직 인간의 공간, 인간만 누릴 수 있는 공간으로 여기는 것이다. 하지만 우리 주변엔 다양한 생물종이 살아가고 있다. 공터와 뒷산에는 고양이 가족을 비롯해 청설모, 쥐, 사마귀, 개미, 이름조차 알지 못하는 식물과 벌레 들이 살고 있었다. 전봇대에는 까치가 둥지를 틀었고, 건물 지붕 아래와 에어컨 실외기 사이에는 비둘기들이 모여 살았다.

이런 현실을 외면한 채 도시를 인간의 편의로만 구성하려는 것은 도시에 사는 비인간 생명을 존중하지 않는 것이다. 다종다양한 생명체가 나름의 방식으로 도시에 적응할 수 있다고 해서 그것이 무한정 가능하다는 것은 아니다. 세상 어느 곳도 사람만 살도록 허용되지 않았다.

사람은 다른 생명과 사는 법을 다시 배워야 하지 않을까.
나는 너무 서두르지 않고 지금 눈앞의 공터를 공원으로
되돌리는 일에 힘쓰고 싶었다.

공동육아 체제에 돌입한
애미, 점순, 흰눈

애미가 공터로 돌아왔다. 공터를 아주 떠나지는 못하고
주변을 맴돌던 애미에게 핑곗거리를 제공한 것은
잘생긴녀석이었다.

흰눈이 점순의 도움을 받으며 육아에 전념하던
어느 날, 모처럼 애미가 공터에 찾아왔다. 흰눈은 출산하고
한 달이 지날 무렵 어린 두 자식을 지하실에서 데리고
나왔는데, 며칠 뒤에 한 마리가 사라졌다. 어떤 불미스러운
일이 생긴 것인지 나는 알 수 없었지만, 흰눈이 남은 자식을
지켜내고자 애미에게 도움을 요청한 게 아니었을까. 사람
손바닥만 한 새끼고양이가 뒤뚱거리며 우왕좌왕하는
모습을 세 모녀가 흐뭇한 눈빛으로 바라보고 있을 때,
하필 잘생긴녀석이 뒷마당 옹벽을 타고 공터로 올라왔다.
누렁에게 호되게 당한 이후 발길이 뜸했던 녀석이 불쑥
나타나자 나도 고양이들도 일제히 동작을 멈췄고,

잘생긴녀석도 발을 딛자마자 당황한 채 그대로 굳어버렸다. 어떤 상황인지 도통 이해하지 못한 어린 고양이는 분위기가 심상치 않다 싶었는지 빽빽 울어댔다.

잘생기기만 했지 지지리 복도 없는 잘생긴녀석이 주춤거리자 애미가 공격 태세를 갖췄다. 점순도 애미 곁에서 비장한 표정으로 경계 자세를 취했다. 흰눈은 자기 뒤로 자식을 숨겼다. 잘생긴녀석의 동공이 커지고 눈빛이 흔들렸다. 사달이 날 것 같은 상황에서 구경만 할 순 없기에 공터로 뛰어갔다. 나를 중심으로 우측에는 흰눈과 아기고양이, 좌측에는 점순과 애미, 그리고 내 맞은편에는 잘생긴녀석이 서있는 구도. 애미가 잘생긴녀석을 공격하지 않으려면 내가 길을 터주어야 했다. 나는 흰눈이 쪽으로 몸을 돌렸고 그 신호를 이해한 잘생긴녀석이 나와 애미 사이를 가로지르며 부리나케 도망갔다. 일촉즉발의 순간이

무마되자 싸늘한 시선이 느껴졌다. 이번에는 모든 고양이가
나를 경계하며 쳐다봤다. '아차! 사람도 경계 대상이었지.'
나 역시 서둘러 공터를 빠져나왔다. 아이를 낳은 뒤로
매순간 전전긍긍하며 지내던 흰눈이 잘생긴녀석의 침범으로
큰 충격에 휩싸인 모양이었다. 자식을 데리고 다시 지하실로
들어가서 다음 날까지 코빼기도 내밀지 않았다.

이 우연한 사건이 새로운 양상을 만들었다. 애미가 그대로
공터에 눌러앉았다. 육아를 위한 공동전선이 필요하다고
판단한 모양이었다. 손주를 직접 돌보지는 않았다. 역할
구분이 분명한 애미인지라 흰눈의 일을 대신하진 않았다.
흰눈과 점순이 공터를 잘 지켜내야 하는데 잘생긴녀석이
침범해도 내쫓기는커녕 속수무책으로 당하고만 있으니
영역을 지켜줘야겠다고 결심한 것 같았다. 고양이 세계에서

육아를 잘한다는 것은 안전한 영역을 확보하고 먹이를 안정적으로 수급한다는 뜻인데, 영역 지키는 일이 영 신통치 않으니 애미가 나선 것이다.

잘생긴녀석은 무슨 미련이 남았는지 그 뒤로도 간간이 공터 주변을 얼쩡거렸지만 애미의 철통같은 방어로 발도 들이지 못했다. 옹벽을 타고 올랐다가 애미와 마주치면 그대로 옹벽을 타고 내려갔다. 잘생긴녀석이 다른 길로 침범해도 애미는 완벽하게 막아냈다.

점순은 한 수 배워야겠다고 생각했는지 애미 곁에서 영역 지키는 일을 도왔다. 의기소침해진 흰눈을 대신해 형제 없는 조카와 온몸으로 놀아주기도 했다. 애미가 먹이를 구하고 영역 지키는 일에 몰두할 때 흰눈과 서로 의지하며 신나게 놀았던 시간을 떠올린 걸까. 아기고양이도 점순을 졸졸 따라다니며 이리 발라당 저리 발라당 신이 났다. 그제야 흰눈도 안도하는 눈치였다.

육아가 처음인 흰눈에게는 이 모든 일이 버거웠을 것이다. 출산하고 언제쯤부터 자식들과 외출할 수 있는지, 모유 수유는 언제 끝내야 하는지, 아플 때는 어떻게 해야 하는지, 몸에 새겨진 본능대로 하는 일도 있겠지만 처한 환경에 따라 선택해야 하는 일도 많았을 것이다. 평균적인 시간과 평균적인 행동방식은 알 수 있지만, 그 평균 사이에서 어떤 우연한 사건을 만날지 모르는 채 결정을 내려야 하는 순간이 있었을 것이다. 그 결정에 따른 책임과 무게는 흰눈 혼자서, 엄마 혼자서 감당할 수 있는 것이 아니었다. 고양이라고 해서 혼자 해낼 수 있는 일이 아니었다. 그 무게를 기꺼이 나누는 애미와 점순을 보면서 고양이에게도 육아 공동체가 필요하다는 걸 알았다. '한 아이를 키우려면 온 마을이 필요하다'라는 시대 불문의 명언은 고양이에게도 해당되는 말이었다.

잘생긴녀석의 밥자리를
마련하다

깊은 밤이면 집 밖으로 나갔다. 사람의 활동이 뜸해지는
밤의 골목은 고양이들 세상이다. 조심스럽게 움직이면
고양이들을 놀라게 하지 않으면서 동태를 확인할 수 있다.
이 동네에 어떤 고양이가 사는지, 누가 무리를 짓고 살고
누가 홀로 지내는지 알 수 있는 시간이었다.

　　잘생긴녀석은 늘 어둠 속에서 먼저 나를 알아보고는
꼬리를 세우고 총총 달려왔다. 점순과 흰눈을 괴롭힐 때마다
혼낸 사람이 나인데, 반가운 기색으로 다가오니 미안하고
고마웠다. 하루는 잘생긴녀석을 마주치자마자 집으로
돌아가 사료를 들고 다시 나왔다. 자동차 뒤에 사료 담은
그릇을 놓아주니 맛나게 먹으면서 연신 나를 쳐다봤다.
밥도 좋지만 내가 옆에 있는 것도 좋았던 모양이다. 편히
밥을 먹으라는 말을 건네고 돌아서니 가지 말라는 듯 얕은
소리를 내며 따라왔다. 밥을 먹는 동안 곁에 머물러주었다.

잘생긴녀석은 사람 좋아하는 고양이였는데, 그간 녀석의
행동을 헤아려보지 못했다는 걸 깨달았다.

날마다 먹을 것이 나오는 괜찮은 밥자리를 발견했고,
그곳에 머무는 고양이 무리에 섞이고 싶었을 뿐인데, 다들
내치기만 하니 속상할 수밖에. 속상한 마음이 쌓여 서러운
마음이 되고 어떤 날은 화도 나지 않았을까. 나도 모르게
사과의 말을 건넨다. "미안해, 네 마음을 늦게 알아채서."

한동안 밤마다 골목에서 잘생긴녀석을 만나 맛난
캔도 챙겨주고, 밥 먹을 동안 소곤소곤 말도 걸어주었다.
그 뒤로 서운했던 마음이 누그러졌는지 공터에 올라오는
일이 줄어들었다. 녀석만의 밥자리를 만들어줘야겠다
싶어 며칠 동안 장소를 물색했다. 골목길에 마련하면 사람
눈에 너무 쉽게 띌 것 같아서 공터로 들어가는 길목에
버려진 항아리를 눕혀 그 속에 밥그릇과 물그릇을 넣었다.
잘생긴녀석에게 앞으로 여기가 네 밥자리라고 알려주니,
알아들었는지 사근사근한 소리로 대답했다.

사람의 마음 쏨쏨이로 되지 않는 일도 있다. 임신한 흰눈이
애미와 밤마실을 가면 홀로 공터에 남아 날벌레를 쫓으며
외로움을 달래던 점순. 번번이 자식 갖기에 실패한 점순.
흰눈의 배가 불러오자 사랑하는 엄마가 공터를 떠나
슬펐던 점순. 자식만 챙기는 자매의 그림자가 된 점순.
세 식구가 포개져 잠들곤 했던 지하 잠자리에 들어가지

못하는 점순. 자신이 원하는 그 무엇 하나 허락되지 않는
것 같아 시무룩해진 점순. 점순이 마음이 슬프지 않았을까
짐작해보지만, 점순은 늘 담담하게 지냈고 그런 점순을 보는
내 마음은 시렸다.

　　제 마음 알아주는 사람이 있다는 것을 아는지
모르는지, 점순이 내 방 창문 너머에 앉아 시간을 보내는
일이 부쩍 늘었지만, 시선은 언제나 추억이 가득한 공터를
향하고 있었다. 다시 올지도 모르는 옛 시간을 기다리는
눈치였다. 등 돌리고 앉은 게 서운하다가도 가만히 한곳을
응시하는 고양이의 뒤통수를 보고 있자니 사랑이
샘솟다가도 마음이 시큰해졌다. 고양이 뒤통수가 뭐라고
이렇게 사람의 마음을 흔들어놓을까.

　　점순은 한결같은 고양이였다. 애미와 흰눈을 한결같이
사랑하고, 언제나 애미와 흰눈이 우선이었다. 늘 애미와
흰눈 곁을 지키는 그 마음이 예뻐서 나도 한결같이 점순을
좋아했다. 점순이 부르면 달려가길 마다하지 않았다. 하루는
점순이 창문 너머로 다가와 나를 뚫어지게 쳐다봤다.
일하느라 바빠 점순이가 찾아왔는지도 몰랐는데, 문득
고개를 들었다가 눈이 마주쳤다. 한심하다는 듯 흘겨보고는
턱이 빠질 듯 유난히 긴 하품을 하는 폼이 나를 질책하는
것 같았다. 밥때는 아니지만 맛난 것을 먹으려고 찾아왔나
싶어 벌떡 일어나서 캔을 하나 따서 그릇에 담아주었다.
점순은 킁킁 냄새를 맡더니 몸을 휙 돌리고는 옹벽을 타고

나가버렸다. 잠시 후 다시 공터로 올라온 점순. 다른 종류의
캔을 따줬다. 이번에도 냄새만 맡고 가더니 이내 돌아왔다.
세 번째 캔을 땄다. 또 아니란다. 점순은 답답했다. 자신이
원하는 맛을 도통 내놓지 못하는 사람이 답답해서 나갔다
돌아오고 나갔다 돌아왔는데 달라지지 않다니! 떨리는
마음으로 마지막 캔을 따서 담아주니 그제야 챱챱챱 맛나게
먹었다. 입맛에 맞는 모양이었다. 자기는 주면 주는 대로
먹는 고양이가 아니라고, 먹고 싶은 것만 먹는 고양이라고,
입맛 까다로운 고양이라고 의사를 분명히 밝힌 점순.
가족들은 그런 점순을 보고 배부른 고양이라고 비꼬았지만
사람도 저마다의 입맛과 취향이 있는데 고양이라고 안
그럴까. 동물이니 아무거나 먹어도 되는 거 아니고, 사람
아니라고 기호를 무시해도 되는 거 아니다. 사람들이
이러쿵저러쿵하든 말든 자기 마음이 우선인 점순. 점순이
그런 고양이라 다행이었다.

한때는 흰눈과 점순을 괴롭히는 잘생긴녀석이 미웠다.
세 모녀가 없는 공간에서 마주한 잘생긴녀석은 그간 알던
모습이 아니었다. 미운 마음은 미안한 마음으로 바뀌었다.
잘생긴녀석이 두 자매를 괴롭히는 모습은 눈에 띄었는데,
세 모녀가 녀석을 무리에서 밀어내려고 어떻게 대하는지는
잘 드러나지 않았다. 눈에 보이는 것만 보고 잘생긴녀석의
행동을 질책했는지도 모르겠다. 애당초 내 마음이 한쪽으로

기운 탓이기도 하다.

　　점순과 흰눈을 비교하며 바라보니 자꾸만 점순이
애처롭게 여겨졌다. 내 슬픈 마음 때문에 점순을 극진하게
대했지만 정작 점순은 흰눈과 자신을 비교하지 않았다.
언제나 당당하게 행동했고, 그 모습이 내 마음을 위로했다.

　　마음은 이렇게 관계에 따라, 만나는 장에 따라
달라진다. 누구는 햇볕 쨍한 날에 마음이 들뜬다지만 다른
누군가는 눈부신 햇살에 초라한 마음일 수 있다. 날씨
하나에도 마음이 제각각인 것처럼 저마다 처한 상황과
사건에 따라 마음은 수시로 달라진다. 마음의 기준이
저마다 다 달라서 다른 이의 마음을 이해하는 일만큼
오해하는 일도 태반이다. 그 마음 때문에 생기는 작은
이해와 큰 오해 속에서 우리는 이해관계를 맺고 살아간다.

장군
죽다

완연한 봄날에 출산한 흰눈은 거의 한 달을 채우고
초여름이 시작될 무렵에 새끼고양이를 데리고 밥자리에
왔다. 태어난 지 한 달밖에 안 된 고양이가 건사료를
먹을 수 있을까 싶었지만 새끼고양이는 냄새를 맡더니 주저
없이 밥그릇으로 뛰어들었다. 수유가 끝날 때를 대비해
준비해놓은 아기용 사료를 내주었으나 알갱이 크기가
두 배는 더 큰 성묘용 사료를 좋아했고, 머리를 주억거리며
우걱우걱 씹는 모습이 여간 씩씩한 게 아니었다. 그 모습을
보고 '장군'이라는 이름을 지어주었다. 이름처럼 씩씩하게
오래 살기를 바라는 마음을 담아.

장군은 아픈 고양이였다. 눈가에 늘 진물이 고여서 눈을
제대로 뜨지 못하는 날이 많았고 흰눈이 핥아주지 않으면
진물이 말라 눈꺼풀이 붙어버렸다. 몸이 아파도 장군에게

121

세상은 궁금하고 재미있는 곳이었다. 호기심이 어찌나
많은지 곧잘 창문 앞으로 와서 고개를 갸웃거리며 창문
너머의 나를 관찰하곤 했다. 처음으로 하늘에서 떨어지는
빗방울을 맞은 날에는 젖는 것도 아랑곳하지 않고 하늘을
물끄러미 올려다봤다. 엄마가 걱정 가득한 얼굴로 얼른
지하실로 내려가자고 재촉해도 꼼짝도 안 했다. 고집불통인
자식 앞에서 별수 없는 흰눈도 같이 비를 맞았다. 엄마
품에서 칭얼대는 대신 작고 아픈 몸으로 거침없이 공터를
누비는 아기고양이. 앞도 제대로 보지 못하는 녀석이
장애물 많은 공간을 돌아다니니 흰눈은 쉴 틈이 없다.
위험한 곳으로 가면 재빨리 목덜미를 물어 안전한 곳으로
데려다놓고, 또 물어다 데려다놓고, 엉덩이에 불난 것처럼
앉았다 일어났다를 반복했다. 보다 못한 점순이 나서
장군에게 놀자는 신호를 보냈다. 잡기 놀이가 시작됐다.

이모를 잡겠다고 종종걸음 치는 장군. 점순은 장애물을 요리조리 피하며 장군이가 안전하게 자신을 따라오도록 움직였다.

엄마라는 역할은 고양이에게도 사람에게도 쉽지 않다. 모성이라는 단어를 갖다 붙인다고 수월하게 해낼 수 있는 일이 아니다. 모든 일은 경험이 쌓여야 능숙해지는 법인데 엄마의 일이라고 다를까. 경험이 없다면 우왕좌왕 실수 연발일 수밖에 없다. 모성이 지속적인 책임으로 이어지려면 반드시 주변의 도움이 필요하다. 때마침 흰눈 곁에 점순이 있어서 얼마나 다행인지. 아픈 첫 자식에게 흰눈이 해줄 수 있는 최선의 일은 낮이고 밤이고 매일 눈가에 맺힌 고름을 핥아주는 것이었다. 그러나 장군은 엄마의 사랑과 염려가 간섭처럼 느껴지는지 귀찮아했고, 흰눈은 엄마보다 이모나 공터 너머의 사람에게 더 관심을 쏟는 장군에게 서운한

눈치였다. 자신의 엄마처럼 노련한 엄마가 되기까지 시간이
필요하다면, 흰눈이 당장 할 수 있는 일은 놀아주기였다.
꼬리를 살랑살랑 흔들며 장군에게 신호를 보냈다. 장군이
꼬리를 잡으려고 이리 깡총 저리 깡총 뛰어다니니 흰눈도
흥에 겨운지 뒷발질을 했는데, 그만 장군을 힘껏 차버리고
말았다. 공터 위로 부웅 떠올랐다가 바닥으로 툭 떨어진
장군. 나도 흰눈도 놀란 채 굳었는데, 다행히 잡초가 무성한
풀밭으로 떨어진 장군은 무슨 일이 일어났는지도 모르는 채
마냥 신난 얼굴이었다.

어릴 때부터 나를 보고 자란 흰눈과 점순은 애미만큼
나를 경계하진 않았는데, 장군은 그런 제 엄마보다도 나를
경계하지 않았다. 네모난 구멍 안에서 움직이는 사람도,
그 안에서 날마다 밥이 나오는 것도, 생글생글 웃으며
자신을 장군이라 불러주는 것도 마냥 신기해했다. 다만
나를 보려면 옹벽 끝에 서있어야 했는데 앞을 제대로
볼 수 없으니 종종 균형을 잡지 못하고 비틀거렸다.
그 모습을 볼 때마다 가슴이 철렁 내려앉았다. 흰눈은
그런 상황을 목격하면 바로 장군의 목덜미를 물어 공터
안쪽으로 데려가려 했는데 장군은 안 가겠다고 버텼다.
어린 고양이에게 자기 고집이 생길수록 흰눈은 장군을
통제하기 힘들어했다. 그런 불안한 모습을 보다 못한 나는
장군을 병원에 데려가야겠다고 결심했다.

마음이 급해서 고양이를 어떻게 구조해야 하는지, 어떤 장비가 필요한지 알아볼 생각도 못 하고 맨몸으로 덤볐다. 첫 구조 시도는 실패했다. 장군의 몸을 살짝 잡은 순간 부드러운 털 아래로 가냘픈 뼈대가 느껴지는 바람에 깜짝 놀라 놓쳐버렸다. 사람 아기처럼 통통한 몸이 아니었다. 내 손아귀에 연약한 아기고양이가 부서질 것 같았다. 힘을 얼마나 어떻게 들여 고양이를 잡아야 하는지 가늠할 수가 없었다. 그사이 장군은 잽싸게 몸을 숨겼다. 공터는 사람보다 고양이에게 유리한 지형이다. 사람 손길이 닿을 수 없는 곳으로 숨어버리면 어찌할 방법이 없다. 첫 시도가 실패로 끝나자 고양이들의 경계가 심해졌고 일주일을 잠잠히 기다려야 했다.

　더는 미룰 수 없을 것 같아 두 번째 구조를 감행했다. 해 질 녘에 동생과 공터로 나가 동생이 장군을 한쪽으로 몰아붙였고, 내가 그 반대편에서 장군을 잡아 미리 준비한 가방에 넣었다. 처음과 달리 신중을 기한 덕에 계획대로 장군을 붙잡을 수 있었다. 흰눈은 눈앞에서 벌어진 일에 놀란 나머지 덤불 속에 숨어버렸다. 설령 돌변하여 나에게 덤볐다 한들 상황이 바뀌지는 않았을 것이다. 나에겐 장군을 치료해주어야 한다는 마음뿐이었다. 가방 속에서 버둥거리는 장군을 품에 꼭 안고 병원으로 향했다. 병원이 가까워질수록, 익숙한 냄새와 소리로부터 멀어질수록 기를 쓰며 발버둥 치던 장군은 병원에 도착할 무렵엔 두려움이

극에 달했는지 더는 저항하지 않았다. 무사히 진료를 마치고
부리나케 집으로 돌아왔다.

공터에 도착해 장군을 풀어주자 곧장 잡초 덤불
속으로 몸을 숨겼다. 흰눈이 얼른 나타나 장군을 돌봐주길
바라며 집으로 돌아와 창가에 서서 장군을 찾았다. 그새
흰눈이 장군 곁으로 다가와 안위를 살피고 있었다. 그런데
장군은 엄마에게 화가 났는지, 큰 충격 때문인지, 엄마 품에
안기기는커녕 흰눈을 외면했다. 사람 손을 탄 새끼고양이를
어미고양이가 외면하는 것이 아니었다. 장군은 누구도
받아들일 수 없다는 듯 꼼짝 않고 멍하니 앉아 있었다.
흰눈은 이러지도 저러지도 못한 채 안절부절하며 장군의
주위를 맴돌았다.

병원에 다녀온 장군은 고작 하루를 견디고 세상을
떠났다. 흰눈은 장군이 머물던 자리를 맴돌며 장군의
흔적을 찾았다. 커다란 호박잎 그늘 아래 숨어있던 장군을
떠올리며 그 자리에 들어가 한참을 머물렀고, 작은 발톱을
박박 긁던 부러진 나무 기둥 근처를 맴돌며 냄새를 맡았고,
함께 뒹굴며 노느라 납작하게 눌린 잡초 더미 위에 오래
앉아 있기도 했다. 그렇게 장군의 흔적을 따라다니며
되새기는 동안 밥자리에는 오지 않았다. 나와 눈도 마주치지
않았다.

그날 밤, 내 행동을 곱씹어봤다. 선의가 선한 결말을

보장하지 않는 것은 당연한 일인데, 그 전에 상대가 그 뜻을 전혀 이해하지 못하는 상태에서 일방적으로 벌이는 일이 과연 선의일 수 있을까. 그 어떤 설명도 없이 일방적으로 벌인 일을 고양이를 위한 일이었다고 말할 수 있을까. 고양이는 할 수 없지만 사람은 고양이를 살릴 수 있다고 자만한 게 아니었을까. 고양이는 고양이답게 살아야 한다고 외쳐왔지만, 사실 내가 한 일은 인간이 우월하다는 생각을 버리지 못해서 나온 폭력적인 행동이었다.

　　사람이 아프지 않고 오래 사는 것을 추구한다고 해서 고양이에게도 그걸 바랄 수는 없다. 고통을 피하는 것은 모든 생명체의 바람이겠지만, 모든 생명체가 미래 지향적으로 살지는 않는다. 사람은 불확실한 내일을 두려워하지만, 장군은 내일이 아닌 오늘, 지금 이 순간을 최우선으로 여겼는지도 모른다. 방자와 네로의 죽음을 마주했을 때부터 내일 없음을 지나치게 슬퍼한 것은 나였지 고양이들은 아니었을지도 모른다. 고양이에게 아픈 것보다 더 괴로운 일은 통제할 수 없는 힘이 개입하여 지금을 제대로 살지 못하는 것일지도 몰랐다.

만에 하나 혹시나, 장군이 엄마를 원망하며 떠나진 않았을까, 이 생각을 하면 속이 끓었다. 어린 고양이가 감당하기 어려운 두려운 순간에 가장 먼저 떠올린 건 엄마, 흰눈이었으리라. 이 모든 일은 사람 때문에 일어났는데,

세상에는 엄마도 어찌할 수 없는 일이 일어나곤 하는데,
장군은 그걸 미처 알기도 전에 떠나버렸다. 장군이 흰눈을
외면하는 모습이 자꾸만 머릿속을 맴돌았다. 흰눈이 장군의
흔적을 찾아 배회하는 것이 죄책감을 못 이긴 행동처럼
읽혀서, 나는 어찌할 바를 모르고 눈물로 하루를 꽉 채웠다.

흰눈과 점순,
물벼락을 맞다

무기력하게 지내는 흰눈을 위로해줄 수 있다면 무엇이라도 할 수 있을 것 같았다. 하지만 내가 할 수 있는 일과 해야 할 일은 흰눈이 앞에서 사려져주는 것뿐. 창문 근처로는 가지 않았고, 먹이는 다른 가족이 챙겨주었다. 보고 싶은 마음을 참으며 며칠을 보냈다.

어느 날 밤, 창문 아래에서 퍼덕거리는 소리가 들렸다. 창문을 살짝 열고 내려다보니 흰눈과 점순이 뒷마당 좁은 공간에서 엎치락뒤치락하고 있었다. 두 자매가 엉겨있는 모습을 보자 미안함과 죄책감으로 답답했던 마음이 아주 조금은 놓였다. 흰눈을 위로할 수 있는 존재는 점순뿐인가 보다. 사고는 내가 쳤는데 해결은 점순이 몫이 되었다. 세상사가 그렇다. 일 저지르는 놈 따로, 수습하는 놈 따로. 부지불식간에 민폐를 끼친 것도 모르고 은혜를 입은 것도 모르는 채 사는 게 세상살이다.

모처럼 기운을 차리고 푸닥거리하듯 요란하게
뛰노는 고양이들을 지켜보면서 그들의 슬픔이 조금이라도
누그러지길 바라고 있는데, 갑자기 옆집 창문이 드르륵
열리는 소리가 들리더니 어둠 속에서 물줄기가 촤라락
쏟아졌다. 놀란 고양이들은 벼락같은 물세례를 피해
도망쳤고, 그날의 놀이는 그렇게 끝났다.

옆집 사람들이 너무나 얄미웠다. 나는 날씨 좋은
계절에도 옆집 사람들 때문에 창문 하나 제대로 못 열고
지냈다. 그들이 하도 공터를 들락거려서 아무리 더워도
창문을 열기는커녕 커튼을 치고 지내야 했고 내 집에서
편안한 옷차림으로 돌아다닐 수도 없었다. 그래도
이웃이라고 이해하며 참고 지낸 세월이 대체 몇 년인데
다 부질없었다. 말 안 하면 모를 수 있다지만, 문제는 그들이
자기 행동을 전혀 돌아보지 않고 자신들이 피해를 입으면
큰소리를 낸다는 것. 물벼락을 맞은 건 고양이들인데 정작
억울하고 분한 마음이 드는 건 나였다.

그런데 내 행동도 고양이들에겐 물벼락, 아니
날벼락이나 다름없지 않았을까. 공터에 사는 고양이가 되어
상상을 해봤다. 공터에서 바라본 집. 나란히 붙은 두 집.
두 부류의 사람들. 왼쪽 네모 구멍에 사는 사람들은 날마다
밥을 주고 부단히 말을 걸고 아는 척을 한다. 깨끗한 물과
괜찮은 먹거리를 얻는 것은 좋지만 그만한 대가가 따른다.
우리 일에 자주 참견한다. 그 사람 때문에 장군이 죽었다.

가끔 공터에 낯선 사람이 들어오면 대신 쫓아내기도
하는데, 자기가 고양이인 줄 착각하는 것이 아닌가 싶다.
오른쪽 네모 구멍에 사는 사람들은 우리를 좋아하지
않는다. 가끔 우리를 향해 소리를 지르고 물을 끼얹지만
정말 가끔 있는 일이고 마주치지 않으면 신경 쓸 일도 없다.
그래도 마주치지 않는 편이 좋을 것이다. 잘못하면 공터를
빼앗길지도 모른다.

이렇게 상상해보면, 고양이 입장에서 옆집 부부와
나라는 사람이 크게 다르지도 않았다. 얻을 것이 없고
조심하면 잃을 것도 없는 사람, 얻을 것이 있지만 그만큼
예의 주시해야 하는 사람. 옆집 부부와 내가 대단히 다른
사람이라고 느낀 것은 나뿐이었다. 고양이를 정말로
위한다면, 인간 중심적인 생각에 치우치지 않도록 조심하고,
고양이의 일에 지나치게 개입하지 않도록 자제해야 했다.
오히려 사람 사이의 일에 개입하고 고양이를 혐오하는
행동을 바로잡는 일에 힘을 쏟아야겠다는 생각이 들었다.

고양이 보호 활동을 하시는 분들이 지역 주민과
충돌하지 않고 그들의 의견을 귀담아들으려는 이유를
알 것 같았다. 고양이를 싫어하는 사람의 마음까지 품어야
고양이의 삶이 더 안전해지는 것이다. 나도 '내 마음에
주단을 깔고' 그런 사람들의 마음까지 미끄러지듯 죽죽
받아주고 싶었지만 당연히 쉽지 않았다.

노랭과 누렁,
흰눈을 두고 싸우다

짙푸른 풀숲 사이로 확연히 돋보이는 치즈색 고양이가
나타났다. 이 동네에서 못 보던 고양이다. 흰눈이 먼저
다가가 코를 콕콕 두드리며 인사를 건넸고, 점순은
조심스러운 듯 주춤거렸다. 누렁은 경계의 자세를 취하더니
두 걸음 다가가다 멈췄고 다시 빠르게 전진했다. 그런
누렁을 보고 흰눈이 재빨리 뒤로 물러났고 순식간에
공터에는 긴장감이 흘렀다. 노랭(급한 대로 직관적인 이름을
지어주었다)은 누렁이 다가오자 목을 움츠리며 몸을 낮췄다.
　　고양이들의 태도에는 다 이유가 있었지만, 언제나 나만
그 이유를 한 박자 늦게 알아챘다. 고양이들에게도 그런
순간이 있다. 피하고 싶지만 피할 수 없는 순간이. 싸우고
싶지 않지만 싸워야만 하는 순간이. 누렁과 노랭이 마주한
날이 그랬다. 싸워야만 하는 날.

공터 생활 반년 차, 이 지형을 빠삭하게 알고 있는 누렁이
먼저 공격에 들어갔다. 마침 누렁이 서있던 자리가 노랭을
공격하기 좋은 위치였고, 하필 노랭이 서있던 자리는
빠져나갈 구멍이 없는 막다른 곳이었다. 누렁이 노랭을
몰아세웠다. 왼쪽에서 치고 들어갔다 빠지고, 오른쪽에서
치고 들어갔다 빠지며 노랭을 혼란스럽게 만들었다.
정신없이 치고 빠지는 누렁을 쫓느라 노랭은 혼이 쏙 빠졌다.
그 틈을 타고 누렁이 일격을 가했다. 노랭은 겨우 제 몸을
방어할 뿐이었고, 누렁은 가차 없이 공격했다. 주변 풀숲과
덤불이 들썩이고 수고양이들의 으르렁거리는 소리가 허공에
퍼졌다. 누렇고 노랗고 보드라운 털을 가진 수고양이라도
유성생식에 목숨 건 동물답게 물러서는 일 없이 양쪽 모두
한껏 날을 세운 채 대치했다. 노랭이 누렁의 강함을 몰랐을
리 없다. 그러나 도전하지 않으면 기회는 없는 법. 싸워봐야
다음을 기약할 수 있다. 어느새 흰눈과 점순은 이 난장판
속에서 새우 등 터질라 어딘가로 피신해버렸다. 안전한
사람의 공간에 있는 나도 잔뜩 긴장했지만, 창문에 바짝
붙어 끝까지 지켜보고자 주먹을 불끈 쥐었다.

　　동네에 으르렁 소리가 퍼져나가는 동안 눈 한 번
깜빡 안 하고 이 모든 상황을 지켜보는 이가 있었으니 바로
애미다. 싸움이 나기 전부터 공터 한쪽에 조용히 자리 잡고
있던 애미가 싸움이 시작되자마자 공터 이쪽저쪽을 총총히
내달렸다. 두 수고양이의 싸움을 생중계하려는 듯 한시도

눈을 떼지 않고 싸움의 추이를 지켜보는 애미. 가슴에
마이크를 달아주었다면 생생한 해설을 들을 수 있었을지도
모른다. 한쪽에는 죽을 각오로 싸움에 임하는 고양들이,
다른 한쪽엔 복싱 경기 관람하듯 지켜보는 고양이가 있다.
애미의 배포가 감탄스러우면서도 웃음이 나는 것은 어쩔 수
없었다.

　　싸움은 누렁의 완승으로 끝났다. 누렁에게 왼쪽 귀가
물어뜯긴 노랭은 피를 뚝뚝 흘리며 공터를 빠져나갔다.
노랭에게 다른 상처는 없길 바랐다. 싸움이 끝나자 애미도
떠났다. 누렁은 세 모녀가 사라지고 없는 공터의 폐건물
잔해에 앉아 숨을 골랐다. 거친 숨을 고르잡자 여유가
생겼는지 사위를 살폈지만 아무도 없었다.

　　어느덧 해가 저물어 초록빛 뒷산이 붉게 물들어
가는데 세 모녀는 나타나지 않았다. 느긋했던 승자의 얼굴에
초조한 기색이 역력했다. 누렁은 몸을 일으켜 기지개를
켜보지만 쓸쓸한 마음을 어쩌지는 못한다. 그 모습에
내 마음이 시큰해져서 "누렁아, 괜찮아?" 물어보았지만 두
눈만 끔뻑일 뿐이다.

　　밤이 되자 점순이 먼저 옹벽을 타고 공터로 올라왔다.
누렁의 기분을 살피더니 다가가 코를 톡톡 마주쳤다. 뒤이어
공터로 돌아온 흰눈이 누렁에게 다가가니 누렁이 고개를
휙 돌려버렸다. 토라졌다! 마음에 상처를 입은 것이다.
흰눈이 다른 수컷에게 관심을 보이자 질투에 사로잡혔고

공격을 감행해 힘으로 눌러 이겼는데 흰눈은커녕 아무도
자신을 챙겨주지 않았다. 누렁은 서운하고 화가 났다. 그런
누렁의 태도에 흰눈은 안절부절못했다. 더는 다가가지
못하고 두 발치 떨어진 자리에서 누렁의 마음이 누그러지길
기다렸다. 누렁이 벌떡 일어나 공터 끝으로 자리를 옮기자
점순이 그 뒤를 따랐다. 흰눈도 그 뒤를 따랐다. 어색한
둘 사이를 점순이 중재하는 것처럼 보였다. 누렁을
달래보려는지 흰눈이 바닥에 배를 드러내고 누워 좌우로
뒹굴었다. 마음을 달래주는 행동은 사람만 할 수 있는 게
아니었다. 누렁의 마음이 조금은 풀렸을까. 곧 셋이 나란히
누워 잠을 청했다. 고단한 하루였다.

　　낯선 고양이가 나타난 데는 다 이유가 있었다. 흰눈이
자식들을 떠나보내고 다시 발정이 났던 것이다. 암고양이는
발정기가 되면 호르몬이 바뀌면서 냄새가 퍼지는데,
바람을 타고 사방으로 퍼진 냄새를 인근의 수고양이가
맡고 찾아온다. 노랭은 흰눈의 냄새(어쩌면 점순의 냄새)를
따라왔는데, 흰눈 곁에 이미 너무 강한 수컷이 자리하고
있었다. 상처만 얻고 떠난 노랭이 다른 곳에서 잘 살기를
빌어주었다.

　　한숨 자고 자정쯤 일어난 흰눈과 누렁은 우리 집
뒷마당에서 두 번째 교미를 했다. 누렁이 다시 아빠가 될
기회를 얻으면서 어떤 수컷도 공터로 들어올 수 없었고,
점순은 한 해 동안 자식을 가질 수 없었다.

사람들은 도시에서 고양이들이 피 튀기도록 싸우는
모습을 보고 싶어 하지 않는다. 그런 장면은 「동물의 왕국」
영상으로 보면 충분하고 그런 일은 인간의 영역이 아닌
곳에서 일어나길 바란다. 아니, 싸우는 모습은커녕
고양이들이 발정기에 소리를 내는 것조차 듣기 싫어한다.
아기 울음소리 같아 소름 끼치고 시끄럽다는 것이 이유다.
그래서인지 국가에서 시행하는 길고양이 중성화수술
정책에 '번식에 따른 소란에 대한 민원을 줄인다'라는
설명이 있다. 사람이 느끼는 불편이 동물 정책을 만드는
중요한 요인으로 작동하는 것이다. 그 어떤 생명체보다
요란하고 폭력적인 게 인간의 생활이고 교미인데, 자신들의
일은 낭만화하면서 동물의 성생활은 야만적으로 낮잡아
보려는 경향이 좀 우습다.

수고양이의 소변 뿌리기는 또 어떤가. 사람이 여기저기
소변을 뿌리는 건 그야말로 민폐 끼치는 행위지만, 고양이가
소변을 뿌리는 건 영역 표시를 위한 것이다. 아니, 영역
표시는 지나치게 단순한 설명이다. '스프레이'(spray)라고
부르는 이 행위는 고양이들의 대화이다. 소변으로 건강
상태, 성별, 임신 여부, 나이 등을 확인할 수 있다. 자기
정보를 거짓 없이 세상에 알리는 일이니, 사람처럼 말로
속이는 일도 없다. 소변을 뿌리고, 특정한 울음소리로
정보를 전하고, 냄새를 퍼트리고, 번식하는 일련의 행동은
고양이가 가진 생리적 특성이고 생물학적 가능성이다.

사람에게 민폐라는 이유로 한 종이 추구하는 성에 대한
기본 욕구를 거세하려는 것이야말로 폭력이 아닌가.

　도시의 새들은 번식을 하려면 자동차 소음을 뚫기
위해 시골에 사는 새들보다 훨씬 높은 데시벨로 울어야
한다. 새도 고양이도 사람에게 불만을 토로하기보다
난관을 극복하기 위해 온 힘을 다해 살아내고 있다. 사람
사는 곳에는 당연히 다른 생명도 살고 있고 그들의 소리가
들리는 것은 당연한 일이다. 소리가 끊긴다는 것은 살아남지
못했다는 의미이고, 그런 곳에서는 사람도 살 수 없다.

　동물에 대한 정책은 공생할 수 있는 최적의 조건을
마련하는 방향으로 나아가야지, 인간의 호불호로
좌지우지되어서는 안 된다. 고양이가 고양이답게 살아갈 수
있는 정책을 마련하려면 그들의 삶을 지금보다 더 세세히
들여다봐야 한다. 고양이마다 성향과 성격이 다르고, 제각각
좋아하고 싫어하는 것이 다르고, 처한 환경과 만나는
사람에 따라 바라는 바가 다 다를 테니 말이다.

흰눈,
변비로 고생하다

흰눈이 밥자리에 나타나지 않았다. 규칙적인 생활이
중단되었다면 무슨 일이 생긴 것이다. 부재가 사건을
암시한다. 내 계산이 맞는다면 두 번째 출산 준비에 들어선
것이리라. 이번에도 지하실에 자리를 잡았는지 애미와
점순이 지하실 입구 주변을 서성이며 보초를 섰다. 불법으로
지어 올리던 건물 아래 공간, 인간 금지구역, 고양이의 생과
사가 오가는 곳. 어떤 모습일지 궁금하지만 나도 그 어떤
사람도 들어갈 수 없기에 고양이들이 무방비한 상태로 지낼
수 있는 안전한 공간이다.

　　하루가 꼬박 지나자 흰눈이 비틀거리며 올라와 흙밭에
몸을 뉘고 네 시간이 넘도록 잠만 잤다. '아픈가, 자식들과
오래 떨어져 있어도 괜찮은가, 자식이 죽었나, 병원에 가야
하나.' 별별 불안한 생각에서 헤어나지 못한 나는 급기야
또다시 오지랖이 도져 흰눈을 구조하겠다고 공터로 나갔다.

흰눈은 기운을 짜내며 나를 피해 도망쳤고, 내가 포획을 포기하자 바로 지하실로 들어갔다.

다음 날, 흰눈이 전날과 다르게 말끔해진 모습으로 밥자리에 나타나자 가족들의 핀잔이 빗발쳤다. 제발 나서지 말라고, 흰눈이 다 알아서 할 거라고, 포획했으면 큰일을 치를 뻔했다고. 장군이 일도 있었으니 조심하는 것이 맞지만, 한 번은 알려주고 싶었고 이해시키고 싶었다. 사람의 호의를 받아들이면 덜 아프고 덜 힘들 수 있다는 것을. 그 한 번을 넘어서면 흰눈과 점순과 애미가 아플 때 고통스럽지 않을 수 있다는 것을 알려주고 싶었다. 끝내 그러지는 못했지만.

흰눈은 첫 임신 때 배변을 힘들어했다. 엉거주춤한 자세로 변을 보려 할 때마다 실패했다. 장군이 키울 때쯤엔 괜찮아졌나 싶더니만 두 번째 임신을 하면서 변비 증상이 재발했다. 본능적으로 섬유질이 필요하다고 판단했는지 귀리와 비슷하게 생긴 잡초를 뜯어 먹었고, 나는 건사료 대신 습식사료를 자주 내주었다. 그러나 이번에는 유달리 건사료를 부담스러워하고 아예 먹으려 들지 않았다. 출산은 엄마의 몸을 담보로 하는 일인지라 후유증이 만만찮은 것 같았다. 수분 섭취량을 크게 늘려야겠다 싶어 생닭을 사서 푹 고았다. 아무 양념도 간도 더하지 않은 백숙. 고기를 먹기 좋게 잘게 찢어서 국물과 함께 담아주니 살보다 국물을

아주 맛있게 먹었다. 다 먹고는 흡족한 듯 손으로 입 주변을
열심히 닦는 흰눈. 꼭 사람이 국밥 한 그릇 먹고 만족한
표정으로 이쑤시개를 물고 있는 모습 같았다. 그 뒤로
종종 닭을 삶아주었고, 흰눈은 지하실에 닭국 냄새가
흘러들어오면 즉시 밥자리로 뛰쳐나왔다.

그 무렵 애미는 속이 안 좋은지 자주 먹은 사료를
토했다. 닭 국물을 줘도 통 관심이 없었고, 전보다 건사료
먹는 양만 늘었다. 과식을 하고 소화되지 않은 사료를
토해내면서도 고집스럽게 먹었다. 매일 같은 시간에
꼬박꼬박 밥을 주고 있으니 무리해서 급하게 먹을 필요가
없다는 걸 알고 있을 텐데도 그랬다. 고양이 걱정은 나의
일이자 몫이니 애미를 데리고 병원에 가봐야 하나 골몰하던
차에 특이점을 발견했다. 애미는 사료를 먹고 30분쯤
지나면 먹은 것을 모두 게워냈고, 그때마다 흰눈이 나타나
애미의 위 속에서 퉁퉁 불어난 토사물을 먹었다.

고양이들이 왜 그러는지 확인할 방법은 없으니 나름의
상상력을 발휘해보았다. 어느 날 속이 정말 안 좋았던
애미가 먹은 것을 게워냈고, 우연찮게 흰눈이가 아무런
편견 없이 맛있는 냄새가 나는 먹을거리라 착각하고 먹었던
게 아닐까. 아니면 변비로 고생하는 흰눈을 안쓰럽게 여긴
애미가 특단의 처방을 내린 걸까. 나는 후자일 가능성이
높다고 생각했다. 그동안 애미가 토해낸 음식이 그대로
남겨진 적이 단 한 번도 없었기 때문이다. 흰눈은 지하실에

있다가도 애미가 토하는 소리가 들리면 그 자리에 나타나 깨끗하게 먹어치웠다.

내가 어렸을 때만 해도 엄마들은 아기에게 이유식을 먹이기 전에 한 숟갈 떠서는 입속에 넣어 온도를 확인하고 먹였다. 아마 그 과정에서 엄마의 침이 아기의 입속으로 들어갔을 테고, 엄마가 지닌 미생물이 자연스레 함께 전달되었을 것이다. 소화를 돕는 미생물이 있는가 하면, 비타민을 합성하는 미생물, 면역력을 높이는 미생물도 있었을 테다. 지금은 이런 행위가 비위생적인 일로 여겨져 타액이 섞인 음식을 먹이거나 먹지 않지만, 달리 보면 엄마가 지닌 좋은 것을 증여세 없이 넘겨주는 가장 확실한 유산 상속이다. 고양이들은 본능적으로 이 사실을 알고 있었으리라. 이렇게 흰눈은 애미의 보살핌을 받으며 두 번째 산후조리를 하고 있었다.

어느 날 밤, 낯선 고양이가 살금살금 밥자리로 다가왔다. 점순이나 흰눈이인 줄 알고 조심성 없이 기척을 냈더니 낯선 고양이가 밥을 먹다 말고 도망쳤다. 사흘 뒤쯤 다시 어둠을 틈타 밥자리에 나타난 고양이는 배는 고픈데 겁도 나는지, 한 입 먹고 고개를 들어 주변을 살피고, 또 한 입 먹고 주변 살피는 일을 배가 찰 때까지 반복했다. 나도 숨죽이고 고양이를 지켜봤는데, 흰색과 검은색과 노란색 털이 어지러이 섞인 카오스 고양이였다. 낮에 동네를 돌아다니다가 우리 집에서 두 집 건너에 사는 고양이라는 사실을 알았다. 카오스 고양이의 98퍼센트 이상은 암컷이고 나와 마주쳤을 때 어린 자식을 품에 끼고 있는 것으로 보아 어미고양이인 듯했다. 출산하고 먹이를 구하러 돌아다니다가 다른 고양이의 영역까지 다다른 게 아니었을까. 나는 눈감아주기로 했다.

그러나 얼마 안 가 점순에게 밥 서리를 들켰다. 점순이 눈을 가늘게 뜨고 일명 '마징가 귀'를 한 채 굵고 낮은 소리로 웅얼거리는 게 아무래도 영역에서 나가라고 경고하는 것 같았다. 그 순간 나는 애미를 보는 줄 알았다. 잘생긴녀석이 영역을 침범할 때마다 애미가 맞서던 모습이 고스란히 점순에게 나타났다. 보고 배우는 일이 이렇게나 중요하다! 으름장 놓는 점순이 만만해 보였는지, 밥이 절실했는지 알 수 없지만 카오스 어미고양이는 물러서지 않고 목소리를 높여 애원했다. 점순은 애미에게 배운 대로 밥만 먹고 떠나야 한다는 사실을 단단히 일러주고 밥자리를 양보했다. 카오스 고양이는 처음으로 눈치 보지 않고 배를 채우고는 약속한 대로 자신의 영역으로 돌아갔다.

유산 상속이라 하면 어쩐지 막대한 재물을 물려받는 일만 떠올리게 되는데, 고양이들을 지켜보면서 진정한 유산 상속이란 엄마가 지닌 미생물, 영역을 구하고 지키는 방식, 배려심, 의지, 끈기 등을 비롯한 몸의 기능과 감각 그리고 고양이 사회의 문화 총체를 고스란히 전하는 일이라는 것을 새삼 깨달았다. 사람도 고양이도 전승의 역사가 몸에 새겨진 생명체라는 사실이 경이롭게 느껴졌다.

한편으론 사람에게서 고양이로, 고양이에게서 사람으로, 서로가 지닌 좋은 것을 나누는 일은 어떻게 해야 가능해질지 고민이 깊어졌다. 부단한 노력이 필요하겠지만, 우선은 다른 비인간 동물의 작고 소소한 일들을 자세히 들여다보고 잘 챙겨야겠다고 마음먹었다.

흰눈이 밥자리에서 건사료를 외면하고 창문을 뚫어져라 쳐다볼 때, 장바구니를 들고 시장으로 향하는 것이 당장 내가 할 수 있는 일이었다.

애미,
잘생긴녀석을 혼쭐내다

애미가 점순과 흰눈을 데리고 자리 잡은 공터에서 이제
흰눈이 육아를 하고 있었다. 많은 변화가 있었는데도
초가을의 공터는 시간의 흐름이 멈춘 듯 평온했다. 흰눈은
이번에도 두 마리를 낳았지만 두 달이 채 지나기도 전에
한 마리를 먼저 떠나보냈다. 남은 자식도 눈병에 걸렸는지
흰눈은 매일 눈가에 괸 고름을 핥아주며 정성을 다해
돌봤다. 아파도 생기발랄한 새끼고양이는 엄마와 이모
사이를 오가며 세상을 알아갔다.

잘생긴녀석은 자기 밥자리가 생긴 이후로 공터에
나타나는 일이 거의 없었다. 덕분에 가을날은 조용하고
한가롭게 흘러가고 있었다. 그런데 그날은 조금 무료했던
걸까, 아니면 단조로운 일상에 균열을 내고 싶었던 걸까.
잘생긴녀석이 옹벽을 타고 불쑥 공터에 나타났다. 아무런
예고도 없이 들이닥치고선 멋쩍은 듯 주저하는 모습을 보니

도발할 생각은 없고 그저 궁금해서 들른 모양이었다. 점순과
흰눈은 공터에서 어린 고양이의 재롱을 보며 즐거운 한때를
보내던 참에 날벼락을 맞았다. 둘은 바로 덤불 속에 몸을
숨겼다. 어릴 때부터 괴롭힘을 당해온 탓에 잘생긴녀석을
보면 반사적으로 나오는 행동이었다. 문제는 잘생긴녀석
앞에 덩그러니 놓인 흰눈의 자식. 새끼고양이는 갑자기
엄마와 이모가 사라지고 낯선 고양이가 나타나자 두려움에
발악하며 울었다.

어쩔 수 없었다. 이렇게 된 이상 오지랖 넓은 내가
나서는 수밖에. 나는 분무기로 잘생긴녀석에게 물을
분사했다. 눈앞에서 비상사태가 발생했지만, 내가 밖으로
나가 공터에 진입하기까지 무슨 일이 생길지 몰랐다.
분무기를 뿌리면 직접 개입하지 않고도 고양이의
행동을 멈출 수 있었다. 갑작스러운 물줄기 공격에 놀란

잘생긴녀석은 도망치듯 공터에서 빠져나갔다. 흰눈과
점순은 바로 새끼고양이 곁으로 돌아왔고, 새끼고양이도
빠르게 안정을 되찾았다.

잘생긴녀석이 다녀간 다음 날은 가을볕이 유난히
따사로웠다. 애미는 뒷마당 창고 지붕에 누워 오수를
즐겼고, 흰눈과 점순은 애미가 잘 보이는 곳에 자리 잡고
주변을 살폈다. 애미가 우리 집 뒷마당에 오는 일이 거의
없어서 좀 이상하다 싶었지만, 오후 내내 지붕 위에서
볕을 쬐는 애미의 모습이 편안해 보여서 특별히 신경 쓰진
않았다. 물론 내 눈에만 편안해 보였을 뿐, 사실 애미는
작심하고 기다리고 있었다. 누구를? 잘생긴녀석을.
　　노을이 질 무렵 담장을 타고 창고 지붕으로 걸어오던
잘생긴녀석이 애미를 보자마자 우뚝 멈춰 섰다. 애미는 벌떡
일어나 쭉 찢어진 눈으로 잘생긴녀석을 노려보며 담장 위로
올라갔다. 굵고 낮은 소리로 으름장을 놓으니 잘생긴녀석은
눈도 마주치지 못했다. 애미가 점점 목소리를 높여가며
끊임없이 소리쳤다. 다른 사람이면 몰라도 나는 이 상황을
단번에 이해할 수 있었다. 전날 밤 두 자매는 엄마에게 낮에
있었던 일을 미주알고주알 고자질했고, 애미가 작정하고
잘생긴녀석이 자주 찾는 자리에서 대기하고 있었던 것이다.
보호받아야 할 새끼를 공격하는 것은 애미가 절대 허용하지
않는 일. 흰눈이 처리하기 어려워하니 애미가 대신 나섰다.

애미: **아우아우아우 아아우 아아우**(굵고 낮은 진동이
울리는 듯한 소리를 일정한 리듬으로 길게 내뱉는다)
　　네가 감히 내 손주를 공격했다며.

잘생긴녀석: **오 우 오 우 오오 우**(소프라노 톤 소리를 내다가
갑자기 음이 꺾이듯 가라앉은 소리를 연달아 내뱉는다)
　　아니아니, 그게 아니라, 공격은 아니고…….

애미: **으으으으우우우 우**(낮고 굵은 소리가 점점 높아지고
마지막 음을 단호하게 맺는다)
　　너 때문에 내 손주가 얼마나 놀랐는지 알아!

잘생긴녀석: **우우우우우웅ㅇㅇㅇ…**(웅얼거리듯 읊조리는
소리가 점점 작아진다)
　　놀래주려고 그런 건 아니야. 나도 동네 어른인데 왜 자꾸
무시하냐…

애미: **으 으 으 으 으 , 앙!**(중저음의 소리를 5초간 내다가
단호하게 맺는다)
　　변명은 필요 없어! 뜨거운 맛 좀 봐라!

애미는 새끼가 있는 공터에 오지 말라고, 새끼를 공격하지
말라고 단호하게 경고했다. 잘생긴녀석은 그럴 의도가

147

아니었다고, 누구도 괴롭히지 않았다고 애절하게 말했다. 애미의 호통과 잘생긴녀석의 억울함 섞인 변명. 애미가 앞발까지 휘두르자 잘생긴녀석은 그길로 뒷걸음질 쳐서 골목길 자동차 아래로 들어갔고, 끝까지 쫓아온 애미에게 항복을 외치고서야 사건은 일단락되었다.

밤사이 흰눈과 점순은 엄마에게 그날의 사건을 어떻게 전달했을까. 분명한 것은 사건이 벌어진 날 애미는 현장에 없었다. 대상을 정확하게 지목하지 않고서야 잘생긴녀석을 혼내는 일은 일어날 수 없었다.

　고양이의 말을 알아들을 수 있다면 얼마나 좋을까. 그럴 수 있다면 고양이들의 생활과 각 고양이들의 성격을 더 잘 이해할 수 있었을 텐데.

　1년 넘게 고양이들을 지켜보면서 소리와 몸짓의 의미를 어느 정도 이해할 수 있었던 것은 역시 우리가 지구 생명체이기 때문이었던 것 같다. 가늠할 수 없을 만큼의 시간을 거슬러 올라가면 고양이도 사람도 기원은 다르지 않을 테니 말이다.

방배동 캣맘들과
만나다

판소리 이론가 신재효가 쓴 판소리 「광대가」(廣大歌)에는
광대가 갖춰야 할 네 가지 조건이 담겨 있다. 그중 '득음'이란
사람의 소리뿐 아니라 바람의 소리, 동물의 소리, 귀신의
소리까지 얻을 수 있도록 자신을 단련하는 일이라고 한다.
사람 아닌 것의 소리까지 얻도록 단련한다니. 사람 너머의
소리를 들을 수 있어야 세상을 이해할 수 있다는 의미일까.
어떤 경지에 이른다는 건 세상을 충분히 이해해야만 가능한
일일 테니 말이다. 옛사람들은 한때 그런 가능성을 믿었고,
세상을 이해하는 일에 뜻을 품고 살았다. 그 가능성이 담긴
문화유산의 의미를 제대로 이해하지도 못한 채 우리는
판소리를 구시대의 유물로 취급한다. 득음은 단순히 음악적
기술이 아니라 '사람'이라면 단련해야 할 기술 아닐까.
소리를 듣고 이해하고 때로는 대신 전하는 것만큼 중요한
일이 또 있을까.

동네를 거닐 때마다 천천히 주변을 둘러보고, 구석진 곳도 들여다보고, 일부러 평소에 잘 다니지 않는 골목으로 다니면서 고양이 밥자리의 흔적을 찾았다. 분명 누군가는 나처럼 고양이들과 함께 살아가고자 밥자리를 마련하고 고양이들이 사람 눈길을 피해 편히 지낼 만한 공간을 마련했으리라.

등잔 밑이 어둡다고 집에서 그리 멀지 않은 곳에 고양이들의 안전지대가 있었다. 우리 집이 있는 골목길에서 나 말고 두 분이 더 고양이들을 보살피고 있었다. 모두 각자의 집 공용 마당 귀퉁이에 밥자리를 보일 듯 말 듯 마련해두었다. 오르막 골목 끝집에 사시는 분과는 고양이 덕분에 만났다. 낮에 잘생긴녀석의 밥을 챙기는 나를 본 것인지, 언젠가부터 오렌지색 고양이가 나만 보면 졸졸 따라다녔다. 사람을 두려워하지 않았고 먼저 다가와 내 다리에 제 몸을 비비기도 했다. 이것도 인연이라고 마주칠 때마다 밥을 조금씩 챙겨주었는데, 하루는 한 아주머니가 오렌지색 고양이를 "낑아!" 하고 부르더니 나에게 낑이를 잘 돌봐줘서 고맙다고 인사를 건넸다. 직장에 다니느라 밤에만 밥을 주었는데, 낮에 내가 밥 챙겨주는 모습을 보니 무척 안심이 된다고. 나 역시 가까이에 동지가 있다는 사실이 큰 위안이 되었다.

그 뒤로 종종 낮에 낑이를 만나러 나갔다. 내가 "낑아, 낑아, 낑아" 세 번 부르면 낑이는 "야옹, 야옹, 야옹"

세 번 대답했다. 그 대답이 왜 부르느냐는 물음인지,
아니면 낑이가 지은 내 이름인지 나는 모른다. 분명한 건
"낑아"라는 소리가 자신을 부르는 말임을 낑이는 알았다.
나는 고양이들이 내는 소리의 차이를 잘 이해하지 못해도
고양이들은 사람이 내는 소리를 잘 구분하는 것 같았다.
사람 언어가 최고라고 자화자찬하는 능력은 사람이
최고지만, 다른 종이 내는 소리의 차이를 이해하는 것은
적어도 고양이가 사람보다 나았다.

우리 집에서 5분 거리인 아랫동네에는 작은 상점이 몰려
있는데, 그중 미용실을 운영하는 사장님이 미용실 앞에
고양이 급식소를 마련해두고 있었다. 거의 모든 동네 주민이
이용하는 길에서 고양이를 공개적으로 챙기는 모습이 무척
의미 있게 다가왔다.

그동안 한 번도 찾지 않았던 동네 미용실의 문을 머리
손질이 아니라 고양이 때문에 두드리려니 염치없어 보여
며칠을 망설였다. 손님이 없는 한가한 틈을 타 몇 마디
붙여보려는 심산으로 기웃거리다 기회를 잡았다. 문을
열고 들어가 고양이 급식소를 보고 찾아왔다고 말씀드리니
사장님은 환하게 웃으며 들어오라고 손짓했다. 그렇게
인연이 시작되면서 미용실 문턱을 넘는 일이 내 집 문지방
넘는 것처럼 쉬워졌다. 집에서 일하다가 산책할 겸 동네
한 바퀴를 돌고 나면 마지막 코스로 미용실에 들렀다.

미용실은 동네 사랑방이었고 사장님은 고양이 전도사였다.
머리 손질하려고 찾아온 손님이 밥자리를 기웃거리는
고양이를 보고 연유를 물으면 사장님 입에서는 고양이에
대한 이야기가 술술 풀려나왔다. 고양이에게 밥 주게 된
이야기, 고양이의 이름과 생김새, 고양이의 생태, 길고양이를
위한 제도 등 다양한 정보와 사연을 귀동냥하다 보면 절로
공부가 되었다.

　　미용실 밥자리의 터줏대감은 턱시도를 차려입은
고양이 잭슨이었다. 얼마나 욕심이 많은지 다른 고양이가
밥을 먹으러 찾아오면 화분 뒤에 숨었다가 놀래주며
튀어나와 쫓아내곤 했다. 하루는 사장님이 잭슨에게 다른
고양이도 밥을 먹을 수 있게 양보 좀 하라고 잔소리를
퍼부었다. 잔소리인 것을 아는지, 잭슨은 고개를 땅으로
떨구고 눈을 피했다. 마음 약해진 사장님은 잔소리를
멈추고 사랑의 눈빛으로 잭슨을 바라보며 "잭슨, 우리
놀까?" 말을 건넸다. 잭슨은 바로 고개를 들고 초롱초롱한
눈빛을 발사했다. 사장님이 어묵꼬치 모양의 장난감을
흔들자 잭슨이 발라당 누워 네 다리로 장난감을 잡으려고
버둥거렸다.

　　사장님이 길에서 잭슨에게 밥을 주고, 잭슨과 놀고,
잭슨과 대화하는 모습을 본 사람들은 시간이 지날수록
그 일을 자연스럽게 받아들였다. 그런 사장님의 모습을
보면 존경하는 마음이 절로 샘솟았다. 사장님은 단순히

고양이를 좋아하는 마음을 넘어 고양이도 존중받아야 하는
생명이라는 생각으로 밥을 챙겨주고 계셨다. 고양이들의
관계를 이해해보려고, 어떻게든 자신의 의견을 고양이에게
전달하려고 노력하셨고, 고양이에게 밥 주는 것을 싫어하는
사람에게 화를 내는 대신 관심을 기울여보길 제안하고,
차분하게 설득하는 모습을 보면서 동물의 편에 서서
행동하는 모습을 배울 수 있었다.

　　사람은 '사람도 동물이다'라고 말하면서 뒤이어 '사람은
여느 동물과 다르다'라는 말을 갖다 붙인다. 세상 모든
동물은 다 다르다. 사람만 여느 동물과 다른 것이 아니다.
미용실 사장님은 고양이라는 동물과 사람이라는 동물
사이에서 이쪽 얘기도 듣고 저쪽 얘기도 들으며 양쪽 모두의
이야기를 양쪽 모두에게 전했다. 고양이에게는 사람의
의견을, 사람에게는 고양이의 특성을.

내가 가진 재주라고는 판소리하듯 고양이 소리를 흉내
내는 것뿐이라, 모든 생명에게 골고루 온화한 마음을 품은
사장님의 후광을 업고 그간 지켜본 고양이 세 모녀의
사연을 미용실 손님들 앞에서 풀어놓았다. 고양이 가족
이야기는 사람 가족 이야기와 다르지 않았다. 사람과 너무
닮아서 놀랍고, 사람과 달라서 아름다운 이야기에 사람들은
환호했다.

　　미용실을 찾는 손님 중에는 처음 보는 얼굴도 있고

길을 오가며 마주친 익숙한 얼굴도 있었다. 서로 어떤 이해관계도 없던 사람들이 고양이를 중심에 두고 고양이 이야기를 주고받기 시작하자 대화가 풍성해졌다. 한번 대화의 물꼬가 트이자 서로의 이야기에 더욱 귀를 기울였다. 소리를 내고 그 소리를 듣는 일, 그런 일이 벌어지는 장이 필요했구나 싶었다. 방배동에서 나에게, 우리에게 미용실이 그런 장이 되어주었다.

헬멧과 잘생긴녀석,
흰눈과 점순을 공격하다

흰눈이 자식의 목덜미를 물고 어딘가로 향했다. 입을
앙다물고 벽돌과 울타리를 넘는 모습이 힘겨워 보였다.
장애물 하나를 넘을 때마다 자식을 내려놓고 숨을 골랐다.
내가 창문에 서서 쳐다보는 것이 불안한 눈치다. 점순은
흰눈 곁을 맴돌다가 경계심 어린 눈빛을 보내며 흰눈과
나 사이를 가로막았다.

　　나는 고개를 돌린 채 곁눈으로 그들이 향하는 곳을
확인했다. 흰눈은 공터의 작은 둔덕을 올라 우리 집 옆 건물
뒤쪽 공터로 이동했다. 무너진 건물 파편과 철근으로
뒤덮여서 사람이 절대로 접근할 수 없는 곳이었다. 부서진
콘크리트 사이의 작은 공간을 새로운 거처로 삼았다.

　　흰눈의 이사에는 이유가 있었다. 가을걷이하는
철이 되자 낯선 이들이 공터로 불쑥 들어와 호박이며
가지를 몰래 따갔다. 사람들이 자꾸 제 영역에 출몰하니

(위) 매서운 눈길로 석마를 향하는 흰눈.
(아래) 눈을 감고 마이임을 하려는 흰눈.

고양이들이 빠짝 긴장했고, 나도 방에서 할 일을 하다
고개를 돌리면 낯선 사람이 쳐다보는 모습에 깜짝 놀라는
일이 잦았다. 남이 지은 농작물을 몰래 훔쳐가는 것도
싫었지만, 내 방을 들여다보는 것도 무척이나 불쾌했다.
졸지에 텃밭 지킴이가 되어 사람들이 공터에 들어오면
나가달라고 요청하는 일이 가을의 끝물까지 계속되었다.
낯선 이들의 출몰이 나에게 불편함으로 다가왔다면,
흰눈에겐 두려움으로 다가왔다. 지하실 밖으로 제대로
나오지도 못하고, 공터에 있다가도 불쑥 나타난 사람을
피해 자식을 데리고 도망가는 것이 어디 쉬운 일인가. 결국
사람이 접근하지 못하는 곳으로 이동하는 수밖에. 고양이의
영역 경계는 유동적이었다. 점진적으로 확장해나가기도
하고, 어쩔 수 없이 줄어들기도 했다. 위험 요소가 나타나면
단박에 포기할 수도 있는 곳이 영역이었다.

거처를 옮기고도 새끼고양이는 살아남지 못했다. 흰눈은
남은 자식을 떠나보낸 슬픔을 달랠 새도 없이 삶의
현장으로 떠밀려 나왔다. 낯선 고양이들이 호시탐탐 공터를
노리면서 밥자리까지 침범하기 시작한 것이다.

고양이 세상에서는 자식의 유무에 따라 영역을 둘러싼
경쟁의 양상이 달라졌다. 애미가 자식을 지키기 위해 영역을
지켰고, 흰눈도 자식을 지키고자 애미의 힘을 빌려 영역을
지켰다. 그러나 고양이의 영역은 사람의 집처럼 소유권을
주장할 수 있는 곳이 아니었다. 애미가 자식 때문에
영역을 중시했던 만큼 다른 고양이도 자식 때문에 영역을
확보해야만 했다. 내가 아무리 공터를 세 모녀의 영역으로
남겨두려고 해도 모든 것은 순리대로 흐르는 법.

잘생긴녀석은 작년에 왔던 각설이처럼 또 왔고, 머리에
헬멧을 눌러 쓴 듯한 삼색 고양이가 새롭게 등장했다.
헬멧은 잘생긴녀석과 머리를 맞대고 작전이라도 짰는지
매일 밤 번갈아 공터를 침범하며 흰눈과 점순을 공격했다.
창문 너머 밥자리가 다른 고양이에게 넘어갔는지 어쨌는지
정확히 알 수 없었지만, 어떤 변화가 생긴 건 분명했다.
밤마다 공터에 흰눈과 점순이 공포에 질린 채 이리 도망치고
저리 도망치며 내지르는 괴성이 울려 퍼졌다.

애미는 공터 한쪽에서 이 모든 상황을 지켜볼 뿐
나서지 않았다. 흰눈과 점순이 더는 보호받아야 할 고양이가
아니라 제 몫의 일을 해내야 하는 어른이었기 때문이다.

지켜야 할 어린 손주가 없는 상황에서 밥자리를 두고
싸우는 것은 이기적인 일이라 여겼던 것도 같다. 애미는
알고 있었으리라. 어떤 고양이에게는 우리 집 창문 너머의
밥자리가 절실하다는 것을. 일주일쯤 지나고서야 애미는
두 딸을 데리고 둔덕 너머 공터로 거처를 옮겼다.

　　세 모녀가 이사한 뒤로 잘생긴녀석과 헬멧은 하루
한 번씩 밥자리에 찾아와 조용히 밥을 먹고 떠났다. 어쩌면
내가 잠든 사이 더 많은 고양이가 오갔는지도 모를 일이다.
항상 밥그릇을 가득 채워놓고 잠자리에 들었는데 다음 날
아침이면 깨끗하게 비워져 있었다. 공터는 다시 조용해졌다.
애미의 판단은 현명했다. 일시적으로 영역을 줄임으로써
밥자리를 둘러싼 경쟁에서 소모적으로 싸우지 않을 수
있었고, 밥자리에서 멀지 않은 곳에 머물며 봄이 오면
또다시 태어날지도 모를 자손들을 위한 다음 기회를 엿볼
수 있었다. 밤마다 옹벽 끝에 걸터앉는 흰눈과 점순을 볼 수
없다는 것이 무척 아쉬웠지만, 그들이 택한 생존 방식이자
공존 방식을 나도 받아들여야 했다.

고양이들이 고양이의 일을 하듯 사람도 사람의 일을 해야
한다. 내 것 네 것을 지독하게 가르고, 네 것도 내 것이라
주장하는 사람에게 아닌 것은 아니라고 정확히 알려줘야
하는 법. 기다리고 기다리던 공원 정비 작업이 시작되었다.
포클레인이 향한 곳은 공터가 아닌 뒷산이었다. 누군가

공터 너머로 이어진 뒷산 등마루의 땅을 갈아 경작지로
만든 탓에 옹벽이 무너졌기 때문이다. 포클레인은 사람들이
밭일을 하고 버리고 간 온갖 쓰레기와 이미 수확을 마친
텃밭에 남은 쭉정이들을 쓸어 담았다.

　　잿빛 연기, 매캐한 냄새, 거침없이 움직이는 포클레인의
암 실린더. 밥자리에 있던 애미는 허리를 곧추세우고 앉아
기계의 움직임을 진지하게 주시했다. 머지않아 애미가 앉아
있는 자리도 포클레인으로 파헤쳐질 것이었다. 공터의 정비
작업이 시작되면 어떻게 피신시켜야 할지 고심 중이었는데,
다행히 위험이 닥치면 고양이들이 영역을 벗어나기도
한다는 사실을 알게 되었다. 고양이 문제를 앞에 두고
사람 혼자 고민해봐야 소용없었다. 고양이들은 고양이들의
방식대로 살 방법을 찾을 것이다. 나는 믿고 따라가는
수밖에.

고양이 겨울집을
만들다

만 하루 동안 흰눈이가 밥자리에 나타나지 않았다. 규칙이
깨지면 당연히 염려해야 한다. 거처를 옮긴 뒤로 영역을
더 넓히려는 것인지 골목길을 누비거나 산으로 넘어가는
일이 잦았다. 혹 사람 눈에 띄어 해코지를 당했으면 어쩌나,
이참에 영역을 떠나 독립할 작정이면 어쩌나 머릿속에
불길한 상상만 가득했다.

　　세수만 하고 공터로 나갔다. 나 혼자 안달이 나서
공터의 마른 잡초 덤불을 헤집고, 산기슭을 오르내리며
쓰레기 더미나 나무 사이를 샅샅이 살폈으나 흰눈의 흔적을
찾을 수 없었다. 한참을 헤매다 공터로 되돌아왔는데
그제야 한 번도 살펴보지 않은 곳이 눈에 들어왔다. 지하
공간. 지하실은 인간 금지구역, 고양이들만이 낮은 입구를
통과할 수 있었다. 그러나 흰눈의 생사를 확인할 수 없는
지금, 다급한 내 눈에 그 입구가 진입을 시도해볼 만한

크기로 보였다. 포복 자세라면 가능할 것 같았다. 몸에 탈이
나 쓰러진 건 아닌지, 건물 잔해에 찔려 다친 건 아닌지
기필코 확인해야만 했다.

　　지하실 입구에 돗자리를 깔고 바닥에 엎드렸다.
오른손으로 랜턴을 꽉 쥐고 팔꿈치로 기어서 지하실
안쪽으로 머리를 들이밀었다. 밝은 아침인데도 지하실은
칠흑같이 어두웠다. 아무것도 보이지 않았다. 그 어둠
속에서 한 번도 맡아본 적 없는 냄새가 코를 깊숙이 찔렀다.
순식간에 온몸이 불쾌한 느낌으로 휩싸였다. 가까스로 팔을
뻗어 랜턴으로 비추니 내가 엎드린 흙바닥 아래로 메마르고
차가운 지하 공간이 드러났다. 두터운 기둥 벽으로 공간이
구획된 걸 보니, 80년대에 짓다 허물었다는 이 건물은
연립주택이었나 보다. 그 시절 연립주택은 지하 공간을
칸칸이 나누어 각 세대가 창고로 쓰도록 설계한 경우가

많았다. 이 지하 공간은 꽤 깊었는데 아무리 높은 곳을
훌쩍 오르내리는 고양이라지만 어떻게 새끼까지 데리고
다녔는지 궁금해져서 몸을 좀 더 밀어 넣고 살펴보니 바로
아래부터 쓰레기 더미가 한가득 쌓여 있었다. 텃밭을 가꾸던
사람들이 비료봉투며 깨진 플라스틱 화분, 스티로폼 상자
등을 이 지하 공간으로 밀어 넣었던 것이다. 단박에 누가
버렸는지 알아볼 수 있는 물건들이 차곡차곡 쌓여 계단을
만들었고, 고양이들은 그 쓰레기 계단을 밟고 지하 공간을
드나들었다. 고양이들은 재활용을 잘했다. 스티로폼 상자
뚜껑은 가운데가 움푹 눌린 흔적으로 보건대 방석처럼
이용한 것 같았다. 세 모녀가 그 위에 똘똘 뭉쳐서 겨울의
추위를 이겨내지 않았을까. 끝내 흰눈은 찾지 못했다.

　해가 서쪽으로 기울자 우리 집 그림자가 공터를 덮었다.
조금씩 길어지는 그림자를 눈으로 따라가는데 갑자기
저 끝에서 불쑥 머리 하나가 튀어 올랐다. 흰눈이다! 불안과
초조함에 사로잡혔던 마음이 순식간에 녹아내렸다. 내가
꼬박 하루를 어떤 마음으로 지냈는지 아는지 모르는지
흰눈은 태연하게 밥자리로 다가와 배를 채웠다.

　흰눈에게 별일 없던 하루가 나에겐 별스러운 날이
되었다. 지하실을 들여다보고 나니 마음이 착잡해졌다.
사람 발길이 닿지 않는 곳에서 안전하게 지내면 충분하다고
생각했는데 좀 더 세심하게 살피지 못한 것이 미안했다.
볕이 전혀 들지 않는 지하실을 감도는 한기는 아무리

겨울이면 고양이 털이 수북해진다 해도 막아내지 못할 것 같았다. 인터넷을 뒤져 고양이 겨울집 만드는 법을 찾았다. 고양이들이 지하실에서 지낼 때 버려진 스티로폼 뚜껑을 활용했던 데에는 다 이유가 있었다. 사람 사는 집 단열재로 스티로폼을 이용하는 것처럼 고양이의 겨울집 재료로도 그만한 것이 없었다. 재료비를 절감하려면 재활용을 해야 한다. 꼬박 일주일간 동네를 돌아다니며 누군가 내다버린 스티로폼 상자 중 깨끗한 것을 골라 먼지를 닦아냈다. 한 면에 출입구를 만들고 상자 안쪽에 은색 접착단열재를 덧붙였다. 몸체와 뚜껑의 이음매는 박스테이프로 감싸 바람이 새지 않도록 막은 뒤 빛 흡수가 잘되도록 검은 비닐로 상자 전체를 감쌌다. 바닥에 지푸라기를 깔면 습기 차는 걸 막으면서 보온 효과가 있다기에 공터에 나가 마른 풀을 베어와 깔았다.

뚝딱뚝딱 뭔가를 만드는 일은 언제나 즐겁다. 그 일이 누군가를 살게 하는 일이라면 보람도 있다. 밥자리 양옆으로 겨울집을 설치했더니 세 모녀가 다가와 경계 반, 호기심 반 표정으로 유심히 살폈다. 점순과 흰눈이 흥분한 기색이다. 들어갈까 말까, 주춤주춤 들썩들썩할 때마다 나는 두 손 꼭 쥐고 '들어가, 들어가' 주문을 외웠다. 언제나 호기심 가득하고 용기 넘치는 점순이 먼저 쑤욱 들어갔다. 곧 흰눈도 따라 들어갔다. 각자 하나씩 이용하라고 세 채를 만들었는데 같이 있는 게 좋은 모양이었다. 둘이 꼭 붙어

있으면 더 따뜻하기야 할 텐데 애미만 혼자 남는 게 마음
쓰였다. 물론 내 마음이 그렇다는 거지 정작 애미는 괘념치
않았다. 세상 제일로 조심성이 많은 애미는 역시 쉽게
들어가지 않았다. 점순과 흰눈이 신나서 이 집 저 집 오가며
구경하는데 애미는 밥자리에 가만히 앉아 누가 이 즐거운
소란을 틈타 침입하는 건 아닌지 두 눈 가늘게 뜨고 주변을
둘러볼 뿐이었다.

　　한 해를 돌아보니 흰눈이 자식들을 낳고 키우고
떠나보내는 동안 점순은 주변으로 밀려나 있었다. 흰눈은
두 번의 출산을 하는 동안 본의 아니게 지하실에만
머물렀고, 점순은 거의 매일 밖에서 경계를 서야 했다.
고양이에게도 눈비와 바람을 막아주는 공간이 필요한데,
지하실을 흰눈이 독차지해서 점순이 많이 서운했을 것이다.
진즉 알아챘으면 지붕이 되어줄 공간을 마련했을 텐데.

　　새집이 꽤 안락했는지 다음 날에도 점순은 나올
생각을 하지 않았다. 오랜만에 누렁이 찾아와 그릇에 코를
박고 밥을 먹고 있는데, 갑자기 점순이 불쑥 튀어나왔다.
화들짝 놀란 누렁이 메뚜기처럼 펄쩍 뛰며 뒤로 물러났다.
누군가를 놀래주는 장난도 칠 줄 아는 점순. 어지간히 신이
났는지 의기양양하게 새집을 자랑하는 점순이었다.

공터에 쌓인
2톤 치 쓰레기를 치우다

일이라는 것은 모름지기 여러 이해관계가 얽히게
마련이므로 예상과 달리 진행 속도가 더딜 수 있다. 나는
가급적 재촉하지 않고 기다리는 편이나, 일이 어떻게
진행되고 있으며 더딘 이유가 무엇인지는 그 일에 개입된
사람 모두가 알아야 한다고 생각한다. 구청에서 공터를
공원으로 정비하는 작업은 무척 더디게 진행되었고, 대개
그 이유를 알 수 없었다. 담당 공무원과 통화할 때 분명
9월에 시작한다고 했는데, 9월이 다 지나도 아무런 변화가
없어서 또 전화를 걸면 10월에 진행될 것 같다나. 그렇게
한 달 한 달 미뤄지고 미뤄지다가 겨울이 왔다.

　　구청 게시판에 글을 올렸다. 공원이 제대로 관리되지
않아서 아무나 땅을 일구는 경작지가 되면 토양이 오염되고,
장마철 폭우에 오염된 토사가 붕괴되면 인명 피해가 발생할
수 있다고. 구청에 이를 숱하게 알리고 개선을 요구했음에도

방기한다는 내용이었다. 다음 날 공원녹지과 공무원이
공터로 출근했다.

　　담당 공무원은 허물어진 건물 잔해를 철거하는 일이
현재로선 불가능하다고 했다. 이 잔해를 치우려면 중장비를
동원해야 하는데, 도로보다 높은 위치에 있는 공터로
중장비를 올리려면 옹벽을 무너뜨려야 했다. 그러면 공터의
토사가 흘러내릴 테니 가림막을 설치해야 하는데, 문제는
우리 집과 공터 옹벽 사이의 거리가 고작 1미터인지라
가림막을 설치하기가 어렵다는 것이었다. 공터 정비는
인접한 주택의 안전을 충분히 담보할 수 있을 때 진행해야
한다는 설명을 들으니 이 특수한 지형이 갖는 한계를
이해할 수 있었다. 담당 공무원은 대안을 제시했다. 무너진
건물 주변의 쓰레기를 최대한 치우고 경작지를 다져서
나무를 심겠다고. 나는 이에 동의했고 정확히 나흘 후에
대대적인 공터 청소 작업이 시작됐다.

이른 아침 1톤 트럭이 요란한 소리를 내며 공터 옆 골목에
주차했고, 청소를 맡은 분들이 하나둘 공터로 들어섰다.
담당 공무원도 공터로 출근했는데, 청소는 청소행정과에서
진행하기로 했는지 청소과 공무원들에게 깍듯이
인사하고 그날의 업무를 설명하고 떠났다. 나는 청소하러
오신 분들에게 잘 부탁드린다는 인사를 건네고 청소과
공무원들과 함께 공터로 들어갔다. 공터에서 정확히 어떤

쓰레기들이 나오는지 확인하고 싶었다.

공터에서 경작이 가능한 땅은 일부인지라 사람들은
스티로폼 상자나 플라스틱 화분에 작물을 심었는데,
가을걷이 후에는 그대로 내버려서 그만큼 수거해야
할 쓰레기의 양이 상당했다. 화분에 담긴 흙은 공터의
흙이었기에 다시 쏟아부었다. 비료 포대, 호미, 식칼, 가위,
작물 지지대로 쓰던 철사, 비닐 호스 등 경작에 쓰던
도구들도 제 쓰임을 다한 후 그대로 버려져 있었다. 건물
잔해의 틈새에서 생활 쓰레기도 발견했다. 깨진 소주병과
화분, 부서진 낡은 가구, 고무 슬리퍼, 살이 부러진 우산,
밥그릇. 쓰레기 더미를 들쑤실수록 썩은 냄새가 진동했다.
악취의 주범은 플라스틱 화분에 담겨 있던 흙이었다. 청소를
하시던 분들이 흙을 쏟아낼 때마다 코를 틀어막았다.
누군가는 비료가 되라고 음식물쓰레기를 파묻었겠지만
되레 부패가 일어나면서 역겨운 냄새를 풍긴 것이다.
음식물을 비료로 이용하려면 퇴비화 과정을 거쳐야 한다.
적절한 조건 아래서 천천히 분해되고 발효되어야 식물이
잘 자라도록 돕는 미생물이 만들어진다. 농사와 퇴비화
과정에 대한 이해 없이 음식물쓰레기를 무작정 땅에 묻는
것은 땅을 괴롭히는 것이다. 땅에 대한 존중 없는 경작
행위는 농사가 아니라 착취일 뿐이다. 음식물쓰레기가
담겨 있던 까만 비닐봉지는 그날 공터에서 가장 많이 나온
쓰레기였다.

공무원들은 고약한 냄새에 연신 헛구역질을 했다. 공원을 이렇게 만든 사람들을 고발해야 하는 것 아니냐며 한탄을 했다. 망가진 플라스틱 화분과 상자를 겹겹이 쌓아놓으니 사람 키를 훌쩍 넘었다. 공터에 널린 쓰레기들은 금세 1톤 트럭을 한가득 채웠다. 트럭이 쓰레기를 두 번이나 실어 나르고서야 공터 정리가 얼추 끝났다. 온종일 공터에 널린 쓰레기를 치웠는데 건물 아래에 매몰된 쓰레기에는 손도 못 댔다.

하루 꼬박 청소하는 일에 매달려있으려니 부아가 치밀었다. 고양이 가족이 저런 곳에 살았다는 것이 마음 아프고 불공평하다는 생각이 들었다. 지금껏 고양이들이 공터에 쓰레기를 버린 적은 단 한 번도 없었다. 땅을 망가트리거나 어지럽힌 적도 없는데, 사람은 엄청난 쓰레기, 썩지도 않고 재생도 불가능한 쓰레기를 마구잡이로 내다버리고 있었다. 그러고도 제 땅이고 제 밭이라고 주장하기 바빴다. 날마다 쓰레기를 내다버리는 곳에서 제 입에 들어갈 먹거리 농사를 짓는다니 어처구니가 없었다.

뉴스에서 자연이 파괴되고 동식물이 멸종한다는 소식을 전해도, 기후위기가 닥쳤음을 알려도 사람들의 일상에는 변화가 없었다. 자기 영역에서 당장 실천할 수 있는 일이 무엇인지도 모르는데 어떻게 지구를 지킬 수 있을까. 동네의 작은 공원, 그곳에 사는 고양이, 풀과 나무 하나 보살피지 않으면서 지구 환경을 보호하자고 외치고

먼 나라 멸종 위기에 처한 동물을 안타까워하는 것은
공염불에 지나지 않는다.

며칠 뒤 뿌리분을 새끼로 단단히 동여맨 묘목들이 트럭에
실려 왔다. 가지만 앙상해서 어떤 나무인지 알아볼 수
없었다. 삽질을 하시는 분께 어떤 나무인지 여쭈었다. 사람
키를 훌쩍 넘는 나무는 이팝나무로 공터 한가운데에
심을 예정이고, 사람 허리춤까지 오는 조팝나무는 공터
가장자리에 심을 계획이라고 알려주셨다.
　　나무를 이식하는 일에도 배려가 필요했다. 살던 곳을
떠나 새로운 땅에 뿌리를 내리고 잘 적응하려면 원래 살던
땅의 흙도 함께 옮겨와야 했다. 그래야 뿌리가 새로운 흙을
만났을 때 덜 충격받을 수 있었다. 공터처럼 오염이 심한
땅이라면 더더욱 말이다. 함께 이주한 미생물이 새로운
흙으로 옮겨가서 열심히 움직이면, 공터는 나무가 잘 자라날
수 있는 땅으로 회복할 것이다. 나무가 건강하게 자라면
미생물은 흙에서 얻지 못한 양분을 나무에게서 얻고
그 양분을 다시 땅으로 내보내며 상생의 관계를 이어가리라.
시간이 지나면 나무 주변으로 다양한 식물이 자라날 테고,
온갖 곤충이 몰려들 것이다. 그러면 작은 곤충을 먹고 사는
덩치 큰 사마귀가 나타나고 잘 자란 사마귀는 개구리나
새, 고양이의 먹이가 된다. 그렇게 상생의 관계를 이어나갈
것이다.

언젠가 흰눈이 새끼고양이들에게 사냥 기술을 전수하며
사마귀와 결투를 했다. 첫 대면인데다 자식들 앞이라고
얼마나 신중을 기하던지. 그러나 그 유명한 냥펀치(앞발로
가격하기)로도 사마귀를 단박에 제압할 수 없었다.

그 모습을 지켜보면서 당장은 내가 고양이들에게 밥을 줄 수
있지만, 궁극적으로는 먹이를 제공받는 삶이 아니라, 필요한
먹이를 스스로 찾아서 사냥하고 먹을 수 있어야 한다고
생각했다. 고양이들에게 그런 환경, 그런 공간이 필요했다.
나는 공터가 그렇게 되길 바랐다. 그 마음이 공터를
공원으로 되돌리는 일에 나서게 만들었다.

점순과 잘생긴녀석의
타협

만 1년 차 고양이 흰눈과 점순은 어엿한 어른고양이가
되었으나, 점순은 아직 엄마 곁을 떠나고 싶지 않은
모양이었다. 애미와 며칠씩 떨어져 지내다 마주치면 좋아서
어쩔 줄 몰라 했고, 엄마만 쫄쫄 따라다니며 붙어 지내려고
했다. 그럴 때마다 애미는 냉랭한 눈빛을 보내며 점순을
가까이 하지 않았다. 오히려 그런 애미의 의중을 이해하고
거리를 둔 건 흰눈이었다.

　　이 모녀 관계에서 점순의 고집이 이겼다. 도대체 점순이
어떻게 애미를 설득했는지 모르겠다. 새해가 되면서 점순과
애미가 예전처럼 나란히 앉아 밥자리를 지켰고, 칼바람
부는 날이면 서로에게 몸을 포갠 채 추위를 견뎌냈다.

그즈음 나를 대하는 애미의 태도도 달라졌다. 늘 창문을
등지고 앉았다가 배가 고파지면 몸을 돌리고 사람이 나타날

때까지 기다렸고, 나와 눈이 마주치면 혀를 날름거리며
입맛을 다셨다. 배를 채우고 나면 다시 몸을 돌려 공터를
지켰다. 이런 일이 몇 번 반복되면서 애미의 움직임이 우리
사이에서 밥 먹을 때를 알리는 하나의 신호가 되었다.

　　보통은 흰눈과 점순이 밥자리에 찾아오면 밥을
내주었고, 애미는 곁에서 자식들이 먹는 모습을 지켜보며
자기 차례를 기다리곤 했는데 달라진 것이다. 먼저
밥 달라는 신호를 보내는 애미의 행동 변화는 나에게
'너라는 사람은 좀 믿을 만한 것 같아'라는 의미와
진배없었다. 점순이 지치지 않고 애미에게 사랑을 표현했던
것처럼, 나도 숱한 실수를 저질렀지만 점순처럼 한결같이
굴었고, 그런 행동이 애미의 마음을 움직인 게 아니었을까.

애미와 점순의 관계만 달라진 건 아니었다. 점순은
잘생긴녀석과 타협했다. 잘생긴녀석이 공터에 들어와도
싸우지 않았다. 종종 밥자리에 나란히 앉아 있기도 했다.
얼마 전까지만 해도 쫓고 쫓기던 사이였는데, 어찌된 일인지
둘 사이에 따뜻한 기류가 흐르는 것 같았다. 관계의 급변에
당황한 건 나뿐이었다. 처음 그 모습을 봤을 땐 놀라서 두
손으로 입을 틀어막았다. 혹시라도 내 숨소리에 둘 사이가
깨지기라도 할까 봐. 연일 이어지는 다정한 모습을 어찌
이해해야 할지 알 수 없었다. 심지어 점순은 잘생긴녀석과
흰눈 사이를 중재했다. 흰눈은 잘생긴녀석의 괴롭힘에

하도 시달렸던지라 녀석을 받아들이는 게 영 내키지 않는 듯했지만, 중간에 점순이 있으니 그럭저럭 견딜 만한 것 같았다. 점순을 사이에 두고 세 고양이가 나란히 누워 오수를 즐기는 모습을 자주 보았다. 도대체 무슨 일이 일어났던 걸까.

고양이는 분쟁이 생기면 물리적으로 충돌하기보다 기싸움을 벌인다. 공터에서 가장 자주 기싸움을 벌인 고양이는 애미와 잘생긴녀석이었다. 기선 제압 첫 단계는 소리 높여 우는 것. 그래서 싸움 현장은 늘 시끄럽다. 기싸움이 격투로 번지면 이기고 지는 것이 별 의미가 없다. 온 힘을 다해 상대를 공격하다 생긴 상처는 이긴 쪽에도 진 쪽에도 치명적이기 때문에 어지간하면 기싸움에서 승부를 낸다. 기싸움이 시작되면 마음을 느긋하게 먹고 의자를 준비해야 한다. 모든 동작이 슬로모션으로 바뀌기 때문이다. 두 고양이가 마주한 채 두 눈 부릅뜨고 서로를 쏘아보며 소리를 내지른다. 강렬한 눈빛으로 이기고자 하는 의지를 내뿜으며 목청을 높인다. 비록 그 소리의 의미를 알 수 없지만, 사람도 싸울 때 자기주장을 펼치는 것처럼 고양이도 자기주장과 논리를 펼치고 있는지도 모른다. 명명백백하게 승자를 가리기가 어려운지, 한 번 사이가 틀어진 관계는 자주 기싸움을 벌인다. 어느 한쪽이 다른 쪽의 주장을 제압하면 기싸움이 일단락되는데, 그

시점부터 두 고양이의 목소리가 달라진다. 우물거리는 소리를 내는 것이 싸움을 끝내고 각자 갈 길 가자는 뜻 같다. 그때부터 슬로모션 속도가 더 느려진다. 상대의 속내를 알 수 없으니 쉽게 등을 돌릴 순 없다. 방심하고 뒤를 보였다가 자칫 공격이라도 당하면 낭패다. 다시 싸움이 시작되는 것을 피하고자 서로 눈을 돌리지만, 상대의 움직임을 놓쳐서도 안 되기에 다른 곳에 시선을 두고 곁눈으로 상대의 움직임을 확인한다. 한 걸음 한 걸음 조심히 발을 떼며 둘 사이의 거리를 넓히다가 방어 가능한 거리가 확보되면 조금 더 발 빠르게 움직인다. 기싸움을 할 때보다 더 숨 막히는 순간이다. 어느 한쪽도 긴장을 늦추지 않는다. 서열이 비등한 고양이일수록 슬로모션이 오래도록 계속된다.

언젠가 애미와 잘생긴녀석의 슬로모션 대결을 처음 봤을 때는 발만 동동 구르다 심장이 터질 듯한 긴장감을 참지 못하고 뛰쳐나가 그들 사이에 끼어들었지만, 사람의 개입으로 무마해봤자 결국 언젠가는 다시 충돌하고 끝장을 보게 마련이다. 피하지 않고 제대로 맞닥뜨리고 의견과 의지를 내비치고 맞서 싸우고 서열을 정리하는 일이 고양이들의 관계 규칙. 그러나 싸움 한판으로 말끔하게 정리되는 관계란 없다. 그동안 애미와 잘생긴녀석의 기싸움을 얼마나 많이 지켜봤던가. 공터에 둘의 털뭉치가 굴러다닐 정도로 치고받고 싸운 적도 있었지만,

다행스럽게도 피를 볼 정도로 싸움이 커진 적은 없었다.

나는 애미가 고양이 사회에서 발생한 문제를 해결하는
방식에는 익숙했지만, 점순이 어떤 식으로 잘생긴녀석과
평화협정을 맺었는지는 도무지 상상할 수 없었다. 눈에
보이는 결과만 보면, 더 이상 괴롭히지 않는다는 조건으로
두 자매는 밥자리를 공유하고 잘생긴녀석이 공터에
머무르도록 협상을 타결했는지도 몰랐다. 놀라운 것은
그 뒤로 헬멧이 밥자리에 나타나면 잘생긴녀석이 달려가
나가라고 소리쳤다. 적이 고집스럽게 버티면 마지막에서야
애미가 출동했고, 기싸움에서 보란 듯이 이겼다. 헬멧이
완전히 기가 죽어 터덜터덜 공터를 떠난 날, 흰눈과 점순은
물론 공터의 일원이 된 잘생긴녀석까지 폴짝폴짝 애미에게
달려가 승리를 축하했다.

자매고양이를 둘러싼 관계의 지형이 바뀌어나갈 때,
수고양이 사이에서도 변화의 조짐이 보였다. 누렁이
돌아왔다. 퉁퉁 부은 얼굴로 오른쪽 앞발을 절룩이면서.
밥자리에 앉아 있는 모습을 보니 다른 고양이와 싸워서
생긴 듯한 상처가 보였다. 한동안 움직이지 못하다가 배를
채우려고 우리 집으로 찾아온 것 같았다. 내가 해줄 수
있는 일은 배불리 먹이는 것뿐. 캔 두 개를 따주었더니
순식간에 그릇을 싹 비웠다. 쇠한 기력을 회복하려고 우리

집에 찾아온 것이 다행이고 고마웠다. 누렁은 밥자리를 떠나며 '나 아직 괜찮아'라고 외치듯 우렁차게 울었다. 싸운 고양이가 누구인지 알 수 없지만 부디 무사하기를.

고양이들 사이의 일은 당연히 나와 무관하게 벌어졌다. 언제나 결과만 보면서 그 과정을 상상하는 것이 내 몫이었다. 어제의 적이 오늘의 친구가 될 수 있다지만, 그런 극적인 변화가 단 하룻밤 새 생겼다면 나는 짧은 시간 동안 벌어진 일을 추측하느라 허우적거렸다.

어제와 오늘은 별다를 것 없이 반복되는 나날이지만, 어제와 오늘 사이는 극적인 사건이 충분히 일어나고도 남을 시간이다. 어떤 관계는 삶의 전부를 쏟아내야 비로소 달라지지만, 어떤 관계는 단 몇 시간이나 몇 분 만에 달라진다. 살아있는 모든 것은 각자가 경험하는 시간의 흐름에 맞춰 변화를 만들어낼 텐데, 멀찍이 떨어져서 그 과정을 더듬더듬 따라가기란 여간 어려운 일이 아니었다.

흰눈과 누렁의 이별,
점순과 노랭의 탐색전

계절이 바뀐다는 것은 나에게 철 지난 옷을 집어넣으며
옷장 정리를 하거나, 따뜻한 커피를 마실지 시원한 커피를
마실지 고르는 일 정도에 지나지 않았다. 그러나 고양이를
쫓다 보니 그간 얼마나 둔감하게 지내왔는지 알 수 있었다.
　　고양이들과 맞이하는 두 번째 겨울, 혹독한 날씨에도
볕을 쬐려고 몸을 웅송그리고 있는 고양이들을 보면서
그저 추위를 이겨내려 애쓴다고만 생각했다. 나도 3월이
오기 전까지 봄옷을 꺼내지 않으니 고양이들도 봄기운이
피어오를 때까지는 별다른 활동을 하지 않을 것이라고.

지난여름 누렁과 격렬하게 싸웠던 노랭이 공터에 나타났다.
누렁이 없는 틈을 타 점순을 만나러 온 것이었다. 점순은
누렁과 자신 사이에선 자식이 생기지 않는다는 걸 이해한
것 같았다. 누렁이와 실패했다고 해서 임신 가능성이 없는

것은 아닐 테니, 작년처럼 누렁이 다른 수고양이를 쫓아내기 전에 새로운 고양이를 만나야겠다고 결심했는지도 모르겠다. 추위가 기승을 부리고, 봄비가 내리려면 아직 멀었는데 점순은 서두르고 싶었는지 노랭을 반겼다.

흰눈과 누렁 사이가 데면데면해졌다. 누렁이 흰눈을 지긋이 바라보면 흰눈은 그 시선을 피했고 다가가지도 않았다. 아마 서로 그 이유를 잘 알았던 것 같다. 지난 1년간 자식 넷을 봤지만 모두 태어날 때부터 아팠고 누구도 살리지 못했다. 누렁은 몇 번을 찾아와 멀리서 흰눈을 바라보다 떠나는 것으로 관계를 정리했다. 거절하고 헤어지는 과정에서 불미스러운 일이 일어나면 어쩌나 걱정했는데, 막장드라마를 떠올린 건 나뿐이었다. 극적인 행동 없이 작은 몸짓과 조심스러운 눈빛만으로 서로의 생각을 전하기에 충분했는지 둘은 참 예의 있게 이별을 맞이했다. 그 뒤로 공터에서는 누렁을 볼 수 없었고, 가끔 뒷산을 산책하다 마주치면 안부 인사를 건넸다.

누렁이 듬직하고 후덕한 인상의 중년 고양이였다면, 노랭은 덩치만 크지 마음은 순한 청년 고양이였다. 누렁이 떠나고 노랭이 공터로 들어오는 과정은 일면 수고양이의 세대교체처럼 보였다. 그간 알고 있던 동물의 세계에서는 교체가 이루어질 때 필시 싸움이 발생했다. 수컷끼리

치열하게 경쟁해서 암컷을 차지하는 줄로만 알았다. 실제로 누렁과 노랭이 다툰 적도 있지만 진정한 교체는 암고양이의 선택으로 이루어졌다. 고양이의 세계에서도 상황에 따라 선택지가 달라질 수 있고, 어떤 성을 중심에 두고 보느냐에 따라 관계의 양상이 달라질 수 있었다.

새해의 첫 달부터 부지런히 서로를 탐색하는 모습을 보니 머지않아 새 생명을 볼 수 있겠구나 싶었다. 어쩌면 이번엔 점순의 자식들까지. 흰눈의 고단했던 출산을 곁에서 지켜봤음에도 점순은 무척이나 자식을 갖고 싶었던 듯하다. 몇 번이나 시도했고 실패했으나 결코 포기하지 않았고, 오히려 실패에서 깨달음을 얻었다. 누렁과 자신 사이에서 안 되는 것뿐, 모두와 안 되는 것은 아닐지도 모른다고. 직접 확인해봐야 한다고. 흰눈 역시 자식을 떠나보내는 아픔을 겪으면서 마음을 다잡았으리라. 그렇게 점순과 흰눈은 자신들의 시련을 해결하기 위해 방법을 찾아 나섰다. 두 암고양이의 결심이 고양이들 사이의 관계를 바꿔나가고 있었다.

애미,
떠나다

애미가 몸이 안 좋은지 아침밥을 먹으러 오는 시간이
조금씩 늦어졌다. 덩달아 점순도 밥자리를 찾는 시간이
늦어졌다. 애미는 자주 재채기를 했고 노란 콧물을 사방에
뿌려댔다. 사람처럼 고양이도 감기에 걸리려니, 식사는
거르지 않으니 이겨내겠거니 생각했다. 그러던 애미가
밥자리에 나타나지 않았다. 평소보다 좀 늦는다고 생각하며
기다렸지만 저녁이 다 되도록 오지 않았다. 점순은 평소와
다름없이 찾아와 밥을 먹었다. 알아듣지 못한다는 걸
알면서도 애미 어디 갔냐고, 애미와 같이 오라고 점순을
다그쳤다. 마음 같아서는 애미를 찾아 나서고 싶었지만,
그즈음 새롭게 시작한 일 때문에 출근을 해야 했다. 괜히
일을 맡았나 후회가 밀려왔다.

다음 날, 아침 일찍 일어나 공터로 나갔다. 애미는 이틀

전에 저녁을 먹고 지하실로 내려간 뒤 만 하루를 채우고도
나타나지 않았다. 아픈 모습을 봤던지라 자리보전한 건
아닌지 염려되었다. 지하실을 들여다봤지만 애미의 흔적은
찾을 수 없었다. 사라진 애미 걱정에 정신이 반쯤 나간 채
출근 준비를 하는데, 부엌에서 엄마가 흥분한 목소리로
소리쳤다. "애미다! 애미 왔어!" 나는 창문을 열고 튕겨나갈
듯이 매달려 애미의 얼굴을 확인했다. 마음 졸인 사람은
안중에도 없고 멀쩡한 얼굴로 나타나 그릇에 남아 있던
사료를 허겁지겁 먹는 애미. 캔을 하나 따서 담아주니
순식간에 먹어치웠다. 이 공터를 나간 뒤로 쫄쫄 굶은 것이
분명했다. 어딜 다녀온 것일까. 아무리 물어봐도 대답해주지
않는 애미다.

　　너무 급하게 먹었는지 애미는 곧 먹은 것을 그대로
게워냈고, 다시 그릇을 채워주니 천천히 먹었다. 식사를

마치고 공터에 누워 쉬고 있으니 데면데면하게 굴던 흰눈이 애미 곁으로 다가와 나란히 앉았다. 곧이어 점순도 나타났다. 그런데 점순은 애미와 흰눈 곁으로 가는 대신 고개를 떨구고 공터를 배회하며 꺼억꺼억 서럽게 울었다. 심상치 않은 울음소리를 듣고 있으니 무슨 일이 벌어질 것만 같아 심장이 덜컹 내려앉았다. 이상하게 불안한 아침이었다. 고양이들에게 무슨 일이 벌어지고 있는지 도통 알 수 없었다. 무거운 발걸음으로 출근했지만, 일하면서도 머릿속은 온통 고양이들 생각으로 가득 찼다.

　　퇴근하자마자 창문을 여니 밥자리에 흰눈이 혼자 앉아 있었다. 그렇게 흰눈은 늦은 밤까지 혼자 공터를 지켰다. 나는 밤이 깊어서야 번뜩 애미가 떠났다는 생각에 심장이 내려앉았다. 그제야 왜 점순이 서글프게 울었는지, 왜 데면데면했던 흰눈이 애미·곁으로 다가갔는지 이해되었다. 마지막 인사를 전한 흰눈, 가지 말라고 만류한 점순. 그렇게 생각하니 아귀가 맞는 것 같았다. 함께 지내고픈 나의 바람이 다른 상황을 보지 못하게 만들었다. 애미가 떠날 수 있다는 사실을 애써 외면한 탓에 그들 사이의 변화를 놓쳤던 것이다.

애미는 공터에서 마지막으로 해야 할 일이 무엇인지 알았던 것 같다. 이제는 정말로 자식들을 독립시켜야 했다. 진작 했어야 할 일인데, 운이 좋아 흰눈이 자식을 낳고 돌보는 모습을 잠시라도 지켜볼 수 있었다. 1년 반이 넘는 시간을 공터에서 보냈으니 새로운 거처를 마련해야 할 때였다. 이 동네에서, 삭막한 도시에서 괜찮은 보금자리 찾는 일에는 하루치의 시간이 필요했으리라.

애미가 떠나면 흰눈과 점순이 함께 슬픔을 나눌 줄 알았는데, 밤이 깊도록 점순이 보이질 않는 것이 애미를 따라나선 것 같았다. 흰눈은 이별을 덤덤하게 받아들였지만, 점순은 그러지 못했을 것이다. 어릴 적부터 애미만 보면 좋아서 숨넘어가는 얕은 소리로 옹알거리던 점순. 겨우내 애미와 꼭 붙어 지내던 점순. 매번 자기 밥 다 먹고도 엄마 밥을 넘보다가 엄마 앞발로 혼나던 점순. 그토록 관심과 사랑을 갈구하던 점순이라면 엄마 발목 붙잡으며 못 가게 말리다가 기어이 따라나섰을 것이다. 갑자기 두 고양이가 사라지고 찾아온 커다란 상실감을 어찌해야 할지 알 길이 없었다. 그간 겪은 실연의 아픔은 아무것도 아니었다.

다음 날 아침 공터에서 흰눈을 마주친 순간, 애미와 점순이 떠났다는 사실이 현실로 다가왔다. 나는 흰눈이처럼 덤덤하게 이 상황을 받아들일 수 없었다. 이 통보 없는 이별 앞에서 각자 어디서든 잘 살아가겠지, 하는 마음은 결코 위안이 되지 않았다. 이 떠남이 작은 영역을 할당받은 존재들이 생존하기 위해 떠안아야 하는 부당한 일처럼 느껴졌다.

고양이를 찾는다는 전단지라도 붙이고 싶은
심정이었다. 그러나 자기 의지로 떠난 고양이를 찾을 수는
없는 노릇이었다. 고양이들이 돌아오지 않는다면, 내가
그들을 찾아가고 싶었다. 어디에 있든, 얼마나 멀리 떨어져
있든 고양이들이 머무는 곳으로 찾아가야겠다는 마음에
매일 온 동네를 하염없이 헤맸다. 골목 구석구석을 샅샅이
뒤지고, 걷고 또 걷고, 담장 너머를 기웃거리고, 지나가는
고양이를 유심히 살폈다. 그러나 애미를 만날 수 없었다.

애미가 어디로 갔든 편안히 지냈길 바란다. 가까이 지내는
동안 사람들이 고양이의 삶에 더 관심을 갖도록 만들지
못해 미안하다는 말을 전하고 싶다. 내가 애미에게
조금이나마 믿을 만한 사람으로 기억되었다면 좋겠다. 아니,
이런 마음을 다 접어두고 아주 작은 바람 하나만 남긴다.
당신이 나의 애미를 만났기를.* 당신이 애미에게
나보다 더 많은 믿음과 사랑을 주었기를.

★　　우치다 햣켄의 『당신이 나의 고양이를 만났기를』 제목을 차용했다.

흰눈을 12시간 만에
놓아주다

흰눈은 이 모든 사태를 덤덤하게 받아들였다. 이별이 별일 아니라는 듯, 응당 일어날 일이 일어났다는 듯 차분했다.

"흰눈아, 나는 네가 혼자 사는 게 걱정이다. 도망치다 자주 다치기도 했고, 자식도 많이 잃었잖아. 애미도 점순이도 없이 너 혼자 어떻게 살래? 내가 잘 해줄게. 우리 집에서 나랑 살자."

묵묵히 밥을 먹는 흰눈을 바라보며 말을 건넸다. 나도 모르게 자연스럽게 흘러나온 이 말은, 꺼내지 않았다면 생각도 안 했을 일을 구체적으로 생각하게 만들었다. 머릿속은 삽시간에 흰눈을 집으로 데려와야겠다는 우발적이고 충동적인 계획으로 차올랐다. 급기야 흰눈과 같이 사는 일이 마땅히 그리 되어야 하는 일처럼 여겨졌다.

미용실로 달려가 사장님과 의논하고, 고양이와 함께 사는 친구들에게 조언을 구했다. 한 번도 고양이와 집에서 함께 산다는 생각을 해본 적 없기에 이 결정의 무게를 조금도 짐작하지 못했다. 당장 흰눈이 밖에서 혼자 살다가 변고를 당하면 어쩌나 하는 걱정, 흰눈마저 떠나버리면 도저히 견딜 수 없을 것 같다는 불안에 사로잡혔다. 불안은 영혼을 잠식한다고 했던가. 시간이 지나 그때의 나를 돌아보면 조금, 아니 많이 끔찍하다. 나 말고도 많은 사람이 고양이의 마음은 안중에도 없이 자신의 괴로움을 이기지 못하고 어떤 결정들을 내릴 것이다. 이것이 사람의 한계다. 이 단계를 넘어서서 스스로를, 상황을 객관적으로 바라보고 이성적 판단을 내리기란 참 쉽지 않다.

태어나서 지금껏 잘 살아온 흰눈이다. 사는 것이 조금 고달파졌다고 자기 삶의 방식을 쉽게 내던져버릴 리가 없다. 그러나 나는 흰눈의 마음보다 내 마음을 앞세웠고, 그게 더 중요하다고 여기는, 지극히 인간 중심적으로 사고하는 우를 범하고야 말았다. 내가 감당해야 하는 몫을 생각하느라 흰눈이 무엇을 감당해야 하는지 충분히 고민하지 못했다. 일어나지 않을지도 모를 일 때문에 내가 감내하기 싫은 어떤 고통을 상상하며 흰눈의 일상을 무너뜨렸다.

미용실 사장님이 동네 캣맘협회 연락처를 알려주었다. 수년째 활발히 고양이 구조 활동이나 중성화수술을 진행해온 곳이라고, 입양한다고 말하면 포획 틀을 빌릴 수 있다고 했다. 집 근처에서 활동하시는 분께 빌린 포획 틀을 곧바로 밥자리에 설치했다. 눈치가 워낙 빠른 고양이인지라 쉽게 잡히지 않을 거라는 우려와 달리 흰눈은 30분 만에 들어갔다. 입구가 닫히자 겁에 질려 발버둥치는 흰눈을 안정시키려고 담요로 포획 틀을 덮어서 흰눈의 시야를 가리고 조심스레 내 방으로 옮겼다. 10분쯤 지났을까. 이제 괜찮아졌으려나 싶어 포획 틀의 문을 열었다. 흰눈은 나오자마자 처음 겪는 공포를 감당하지 못한 채 격분해서 방 안을 미친 듯이 뛰어다니기 시작했다. 어디에라도 매달려보려는 것이었는지 높은 곳으로 점프해 벽지에 발톱을 박았다가 주르륵 아래로 떨어졌고, 사람 손이 닿지 않는 곳을 찾아 이리저리 뛰어오르다 책상 위에 있던 모든 기물을 엎어트렸다. 내가 계속 방에 있다가는 흥분을 가라앉히지 못하고 계속 날뛰다 다칠 것 같았다. 방문을 닫고 거실로 나와 한참을 기다렸다. 서너 시간쯤 지나서야 방 안이 잠잠해졌고, 그러고도 몇 시간을 더 기다렸다가 문을 조심스레 열고 물과 사료와 시중에 파는 모래를 담은 화장실을 넣어주었다. 까드득까드득 사료 먹는 소리, 홀짝홀짝 물 마시는 소리, 모래를 퍽퍽 파는 소리가 들려왔다.

밤은 깊어 가는데 방에 들어갈 수 없었다. 행여 흰눈이가

사람 기척에 놀랄까 봐 어두운 거실에 가만히 앉아 있으니
잔뜩 긴장했던 마음이 풀렸고 그제야 내 행동을 돌아보게
되었다. 불안과 초조, 조급해하며 걱정했던 마음도. 왜 나는
흰눈이 길에서 살기 힘들다고 생각했을까, 설사 그렇다
하더라도 어째서 사람 사는 곳이 더 나을 거라고 쉽게
판단했을까. 적어도 흰눈이 결정할 수 있게끔 유도하는 어떤
방법을 찾아야 했던 게 아니었을까. 그런 고민과 과정 없이
흰눈이가 도무지 받아들이기 어려운 상황을 만들어 공포를
조장했다. 흰눈에게 물어본들 답해주지 않겠지만, 그래도
조심스레 제안하고 그 마음을 읽어내려고 노력했어야 했다.
이 안에 어떤 사람이 살고, 무엇이 있고, 매일매일 어떤 일이
일어나는지 알려주면서, 만약 네가 이곳에 머문다면 어디서
어떻게 지낼 수 있는지 보여주어야 했다. 흰눈이 마음을
열고 제 의지로 들어오기까지 기다려야 했다. 그 과정을
나의 편의대로 성급하게 건너뛰었다.

깊은 새벽, 방문을 열고 살며시 들어가 방구석에 쪼그리고
앉았다. 더는 날뛰지 않았지만 흰눈의 눈빛과 표정은 이렇게
말하고 있었다. '내게 왜 이러는 거야?'
　　'왜'라는 질문 앞에 멈칫했다. 이유를 말할 수 없었다.
그 이유는 나의 불안이었으니까. '너를 위해서'라는 말은
변명일 테니까. 새벽 5시, 흰눈이 집에 들어온 지 꼬박
12시간째. 현관문과 방문을 살짝 열었다. 현관에서 차가운

바람이 불어왔다. 공터의 흙냄새가 실려 왔을까. 흰눈이
열린 방문으로 다가가 얼굴을 빼꼼 내민다. 겁이 나는지
금세 문 뒤로 몸을 숨겼는데 문틈에 흰눈의 그림자가
일렁거렸다. 익숙한 바람 냄새를 한 모금 들이마시고,
흰눈은 주변을 둘러본 뒤 방에서 나와 현관으로 지체
없이 달려 나갔다. 흰눈의 뒷모습을 보며 다짐했다. 앞으로
내 마음 편한 방법이 아니라 네 마음 편한 방법으로
너를 위하겠다고.

이제 더는 흰눈이 밥을 먹으러 오지 않을까 봐 걱정했지만,
두 시간쯤 지났을 무렵 평소처럼 밥자리에 찾아와 아침
식사를 했다. 두려운 마음을 안고 밖으로 나갔는데,
막상 마주한 풍경은 자기가 사는 동네이고, 늘 다니던
익숙한 길이라는 것을 알았을 때 한 번 더 안심했으리라.
흰눈이마저 다신 못 볼지도 모른다는 두려움이 사라지자,
긴장으로 뭉쳤던 내 마음도 여름 땡볕 아래 아이스크림처럼
맥없이 녹아내렸다.

점순, 노랭과 까망과
짝짓기하다

아침에 창문을 열었더니 점순 혼자 태연하게 밥을 먹고
있었다. 끝내 애미를 설득하지 못하고 돌아온 모양이었다.
집 나간 지 닷새 만이었다. 점순이 돌아올 줄 알았다면
무리해서 흰눈을 집에 들이려 하지 않았을 텐데. 애꿎은
흰눈이만 마음고생했다. 집 나간 동안 변변히 먹지 못했을
것 같아 좋아하는 캔을 따주었는데, 점순은 몇 입 깨작대다
공터를 이리저리 배회했다. 중저음으로 뭐라 말을 하는데
목이 쉬어서 쉭쉭 바람 빠지는 소리가 났다. 애미를
따라다니며 하염없이 울었을까. 그 모습을 상상하니 가슴이
메어왔다.

점순에게는 돌아와야 할 이유가 있었다. 엄마를 떠나보낸
슬픔을 딛고 제 할 일을 해야 했다. 첫 관문은 새 생명을
준비하는 일. 여독을 풀 새도 없이 자신이 돌아왔으며 자식

가질 준비가 되었다는 소식을 알렸다. 어찌나 요란하게 알렸는지 흰눈은 그 소리를 피해 공터 밖으로 나갔고, 얼마 지나지 않아 노랭이 점순의 외침을 듣고 찾아왔다. 마침 공터 근처를 지나가던 누렁이도 잠시 발걸음을 멈췄지만 곧 그대로 물러났다. 아직 봄소식은 저만치 멀리 떨어져 있는 2월, 점순과 노랭은 얼어붙은 공터를 한껏 누비며 의례를 치렀다.

점순이 돌아온 이튿날, 공터에 처음 보는 진회색 고등어무늬 고양이와 오렌지색 고양이가 나타났다. 진회색 고양이는 점순과 교미했고, 오렌지색 고양이는 그 주변을 맴돌았다. 왜 암고양이가 다른 암고양이를 쫓는 수컷을 따라다니는지 당시에는 이해할 수 없었다.

이틀 연달아 교미를 하고 사흘째가 되자 점순의 흥분이 가라앉았다. 수고양이가 더는 찾아오지 않았고 점순도 언제 그랬냐는 듯 차분하게 밥자리를 지켰다. 발정 기간에 점순과 교미한 수고양이는 내가 확인한 바로 노랭과 진회색 고양이 '까망'뿐이었다. 임신 실패 그리고 자식의 죽음을 간접 경험하면서 점순은 가능한 한 여러 고양이와 교미해서 임신 확률을 높이는 쪽을 택한 것 같았다. 그래서 자신의 발정을 떠들썩하게 세상에 알리고 찾아오는 모든 수컷과 교미한 게 아니었을까.

두 번째 관문은 기싸움이었다. 집으로 돌아온 점순은 다른 동네고양이와 맞닥뜨려도 예전과 다르게 물러서지 않았다. 누렁과 지내던 시절에는 잘생긴녀석을 밀어내기 위해 누렁의 힘을 빌렸다면, 이번에는 좀 더 적극적으로 문제를 해결하려는 의지를 보였다. 흰눈이 때처럼 애미의 도움을 받지 못할 테니, 자식을 위해 강해져야 한다고 생각했을까.

처음 맞닥뜨린 상대는 윗동네 노란 고양이였다. 점순이 자리를 비운 닷새 동안 잘생긴녀석과 한 영역에서 지내던 노란 고양이가 지하실을 독차지했다. 약체인 흰눈은 홀로 남아 눈치만 보다가 속수무책으로 당했다. 점순은 그 사실을 알아채자마자 지하실 입구에 서서 으르렁거리며 으름장을 놓았다. 그 소리에 놀라 먼저 튀어나온 고양이는 잘생긴녀석. 곧이어 노란 고양이가 공터로 나오자 잘생긴녀석은 점순이 뒤로 물러났고 기싸움이 시작되었다.

점순은 애미의 모든 것을 보고 배웠다. 애미가 기싸움 할 때 보여줬던 모습 그대로였다. 고개를 들어올리고, 눈을 치켜뜨고, 귀를 바짝 세우고, 털을 부풀리고, 꼬리로 바닥을 탁탁 내리치는 점순에게서 애미가 보였다. 승리는 당연히 점순의 것이었다. 잘생긴녀석과 점순은 기쁨을 나누듯 입을 톡톡 맞대고는 의기양양하게 밥자리로 돌아와 나란히 영역을 지켰다. 이렇게 새로운 시대가 열리고 있었다.

점순이 돌아온 뒤로 흰눈은 도통 밥을 먹으러 오지 않았다. 나 때문에 마음고생했겠다, 노란 고양이에게 지하실도 뺏겼겠다, 당연히 점순의 귀환을 반가워할 줄 알았는데, 오히려 그 기세에 밀려 숨어 지내는 눈치였다. 창문만 열면 늘 보이던 두 녀석이 예전처럼 어울리지 않는 것이 속상했지만 그들은 그들의 삶을 살아야 하니 나로서는 어찌할 방법이 없었다.

하루는 밖에 나가려고 현관문을 열었는데 계단참을 지나가는 흰눈이 보였다. "흰눈아" 부르니 멈춰 서서 쳐다보고는 총총총 계단을 올라오는 게 아닌가! 처음 보는 적극적인 행동에 놀라 잽싸게 현관문을 활짝 열고 집 안으로 들어갔다. 흰눈이 문턱에 서서 집 안을 기웃거렸다. 그릇에 닭고기를 담아 현관에 내려놓고 무심한 척 멀찌감치 서있으니 세상에, 흰눈이 성큼 안으로 들어와 밥그릇에 코를 바짝 붙이고 쿵쿵거렸다. 나는 숨이 턱 멎는 듯했다. 아직 겁이 나는지 흰눈은 먹이를 물어다 현관 밖에서 먹고 다시 들어와 또 물고 나갔다. 그렇게 현관을 오가며 그릇을 비우고는 문 앞에 앉아 바깥 풍경을 바라봤다. 찬바람에 몸이 오돌오돌 떨리는데도 흰눈이 우리 집 현관에 앉아 쉬는 모습이 예뻐서 추위 따위는 잊고 한참을 지켜봤다.

그 뒤로 이틀에 한 번씩 흰눈이 현관 앞으로 찾아왔다. 문을 두드리거나 초인종을 누르면 좋으련만 흰눈은 그저

오도카니 앉아 문이 열리길 기다렸다. 우리 가족이 자주 바깥 동태를 살피며 흰눈이 너무 오래 기다리지 않도록 신경 쓰는 수밖에 없었다. 하루에도 몇 번씩 문을 여닫자 흰눈은 더 자주 찾아왔고, 집 안으로 들어오는 일도 잦아졌다. 신중한 눈빛으로 코를 킁킁거리며 집의 구조와 냄새를 확인하기도 했다.

지난번 포획 사건이 마음에 큰 상처로 남지 않길 바랐는데, 새벽에 조용히 문을 열어준 것이 흰눈에게 어떤 여지를 준 것일까. 아니면 미안하다고, 널 아프게 하려는 건 아니었다고, 네가 조금이라도 편히 지냈으면 좋겠다고 늘어놓은 넋두리 같은 말들을 흰눈이 이해했을까. 내 마음이 흰눈을 살짝 스친 것 같아 조금 안도했다. 서로를 제대로 이해하기가 쉽지 않지만 그럼에도 서로의 행동을 지켜보고 마음을 읽어내려고 노력해온 시간이 차곡차곡 쌓여 이렇게 작은 변화로 나타난 것만 같았다.

흰눈이 새로운 영역을 탐색하는 사이 점순은 입덧이 났다. 먹은 것도 없이 토하는 모습을 보고 인터넷으로 검색해보고서야 고양이도 입덧을 한다는 걸 알았다. 입덧이 심해진 며칠간은 좋아하는 닭을 삶아줘도 먹질 못했다. 흰눈은 배가 불러오자 더는 우리 집에 오지 않았다. 아직은 공터가 더 안전하다고 여겼는지 점순 곁으로 돌아갔다. 점순이 있으면 잘생긴녀석을 견딜 수 있다고 생각한 모양이다. 때때로 흰눈은 점순의 보초에 안심하며 늘어지게 낮잠을 잤다. 여전히 제일 의지할 수 있는 사이였다.

흰눈의 세 번째 출산,
점순의 첫 출산

두 자매는 배가 불러오자 함께 지내는 쪽을 택했다.
한동안 출산할 곳을 찾아 동네를 돌아다니던 흰눈은
결국 공터만 한 곳이 없다고 판단했는지 점순 곁으로
돌아왔다. 점순도 출산이 임박한 흰눈을 마다하지 않았다.
둘은 예전처럼 잘 지냈다. 달라진 점이 있다면 이제는
점점 불러오는 배를 옆으로 뉘고 봄볕 아래 낮잠을
즐겼고, 잘생긴녀석이 그 둘을 지켰다는 것. 헬멧이 공터를
기웃거리면 한달음에 달려가 경고장을 날렸고, 흰눈과
점순은 잘생긴녀석의 호위를 듬직하게 여겼다. 한 치 앞도
내다보기 어려운 건 인간사뿐인 줄 알았는데 고양이사도
마찬가지다. 잔뜩 날이 섰던 지난 시간들이 무색해질 만큼
세 고양이의 관계가 돈독해졌다.

흰눈이 지하실로 내려갔다. 세 번째 출산일이 다가온

것이다. 만삭의 점순이 밥자리에 앉아 경계 태세로
돌입했다. 그날도 헬멧이 나타났으나 점순이 재빠르게
지하실 입구를 막아 저지했고, 잘생긴녀석과 함께 밤새도록
보초를 섰다.

열흘 후에는 점순이 지하실로 내려갔다. 이번에는
흰눈이 경계를 섰다. 지난 두 번의 출산 경험 덕분인지
흰눈의 회복 속도가 빨랐다. 점순이 생애 첫 출산을 하는
동안 흰눈은 경계를 늦추지 않았고 잘생긴녀석은 물론
그 누구도 지하실에 들이지 않았다. 오직 흰눈이만 점순이와
자식들을 살피러 지하실로 들어갔다 오곤 했다.

점순도 무사히 첫 출산을 치러낸 것 같았다. 만 하루가
지나자 밥자리로 나와 습식사료로 배를 채우고는 뒷다리에
묻은 출산의 흔적을 세심하게 핥으며 휴식을 취했다.
한없이 늘어져 있을 법도 한데 점순은 금세 자리를 털고

일어나 공터 한 바퀴를 둘러보고 다시 지하실로 내려갔다.
두 자매는 각자에게 주어진 엄마 역할을 해내기 위해
규칙적으로 생활했다. 서너 시간 간격으로 번갈아가며
밥자리에 나와 밥을 먹고 휴식을 취했다. 쉬는 시간이
끝나면 공터 주변을 한 바퀴 돌며 낯선 고양이나 사람이
기웃거리진 않는지 살폈다. 잘생긴녀석까지 뒤를 봐주니
조용한 나날이 계속되었다.

흰눈은 한 달 하고도 보름이 지난 뒤에야 새끼고양이
세 마리를 바깥세상으로 데리고 나왔다. 셋 모두 건강해
보였다. 눈에 진물도 없고, 씩씩하게 엄마를 따라 공터를
총총 뛰어다녔다. 장군과 달리 네모난 창문 안의 사람에겐
별 관심이 없었고 자기들끼리 뛰노는 일에 흠뻑 빠져 있었다.
놀다가 배고파지면 망설이지 않고 밥자리로 돌진했다.
덕분에 흰눈은 다른 때보다 여유로웠지만 밥자리 주변은 늘
시끌벅적했다. 점순이 조카들을 피해 겨우 배를 채워야 할
정도였다. 흰눈은 점순이 나와도 심드렁하게 굴며 자리를
비켜주지 않았다. 곧 점순이 자식들까지 합세하면 밥자리
경쟁이 치열해질 것이다. 아마 흰눈은 자식들이 제 몫을
하는 고양이로 자라려면 누구에게도 밀리지 않고 지금의
밥자리를 충분히 누려야 한다고 생각했으리라. 그게 설령
점순이일지라도.

울창해지기 시작한 5월의 풀숲과 나무들은 고양이 가족을 잘 품어주었고, 풍요로움 속에서 자라는 어린 고양이들은 엄마도 형제도 맞은편 창문 안의 사람도 곰살맞게 대했다. 창문 너머로 새끼고양이 셋이서 꼼지락꼼지락 웅냥웅냥 삐약삐약 하니 마음이 녹아내리면서 정신을 차릴 수가 없었다. 한 마리 살리는 일이 얼마나 지난한지 깨달았던 게 불과 몇 달 전인데, 아기고양이 세 녀석이 이리저리 신나게 돌아다니는 모습이 믿기지 않았다.

흰눈은 출산한 지 두 달이 되자 거처를 옮겼다. 두 자매가 모여 사는 꿈은 나만 꾸고 있었던 듯하다. 점순과 같이 지낼 수는 없고 그렇다고 밥자리를 떠날 수도 없어서 궁여지책으로 구한 거처는 건물 잔해 윗부분에 부서진 콘크리트가 쌓이면서 생긴 빈틈이었다. 자식 셋과 자신이 들어갈 만한 크기의 공간이 있었는지 그곳으로 자식들을 이끌었다. 거처가 바뀌니 불안한 자식들이 자주 울었고, 흰눈은 자식들을 달래랴 우는 소리에 기웃대는 동네고양이들 경계하랴 분주했다.

　흰눈이 동분서주하는 동안 점순은 밥 먹을 때를 제외하면 지하실에서 통 나오지 않았다. 그러던 어느 날, 출산하고 두 달을 꽉 채웠을 즈음에야 점순이 자식들을 데리고 밥자리에 출동했다. 무려 네 마리였다. 점순 뒤를 종종걸음으로 따라오는 새끼고양이들을 보는 순간 점순의 계획이 모두 옳았다고 인정하지 않을 수 없었다. 노랭과 까망과 점순의 유전자가 골고루 섞인 새끼고양이들. 신비로운 유전자의 힘!

흰눈이 자기보다 앞서 많은 일을 겪는 동안 점순이 그저 주변으로 밀려나 있기만 했던 건 아니다. 그만큼 만반의 준비를 할 시간을 벌었다. 흰눈의 임신과 출산, 아픈 자식들의 연이은 죽음을 지켜보며 자기 나름대로 미래를 궁리하고 계획했다. 제일 먼저 잘생긴녀석을 자기 편으로 포섭하면서 공터를 확실하게 제 영역으로 삼았다. 임신이 안 될 경우를 대비해 모든 수고양이와 교미했고, 모두를 아빠로 두면서 자식들에게 가해질 위협을 일소했다. 이 모든 준비를 착실하게 마쳤기에 처음 겪는 일들 앞에서 점순은 불안해 보이지 않았다. 출산 후에는 혹시 모를 공격과 위험으로부터 자식들을 보호하기 위해 꼬박 두 달 동안 육아에만 전념했고, 어린 고양이들이 젖을 떼고 걸음마를 시작하고서야 비로소 밥자리로 나왔다. 옹기종기 모여 아기용 사료는 마다하고 암팡지게 어른 사료를 먹는 네 고양이를 지켜보는 점순. 이번에는 반드시 자식을 갖겠다는 일념으로 다져온 시간이 빛을 발하는 순간이었다. 그동안 점순이 어떤 마음으로 지냈을지 헤아려보자 코끝이 시큰해졌다. 이모 노릇에도 충실했듯 점순은 자기 자식들도 살뜰히 보살폈다. 점순의 머릿속은 온통 자식들을 향한 애틋한 마음으로 꽉 찬 것처럼 보였다.

점순이 자식들의 첫 외출을 서두르지 않은 데에는 다른
이유도 있어 보였다. 한 달 반 만에 나온 흰눈과 달리 점순은
두 달을 꽉 채운 뒤에 나왔고, 그 덕에 먼저 태어난 흰눈의
자식들은 거의 한 달 동안 밥자리를 점령하고 마음 편히
밥을 먹을 수 있었다. 아마 점순이 흰눈에게 해줄 수 있는
마지막 배려가 아니었을까.

　　물론 흰눈은 좀 억울했을지도 모른다. 자신이 이미
두 번이나 출산했던 곳에서 점순이 뒤늦게 출산하는
바람에 지하실을 빼앗긴 셈이 되었으니까. 밥자리에서
마주칠 때마다 흰눈은 점순에게 화풀이했다. 앞발로 점순의
엉덩이를 때리며 자기 영역이라고 주장했지만, 점순은
자기 자식을 위해 한 치도 양보할 생각이 없었다. 흰눈이
뭐라 하든 신경 쓰지 않고 먼 산을 바라보며 무시했다.
둘의 자식들은 내 것 네 것 없이 어울리는데 엄마 둘은
신경이 잔뜩 곤두서 있었다. 흰눈이 항상 먼저 앞발질하면
안타까운 마음에 내가 나서서 흰눈을 말렸다. 밥 주는
장대가 둘 사이를 가르는 도구가 될 줄이야. 그럴 때면
흰눈은 서운한지 자식들을 데리고 건물 잔해 위에 마련한
거처로 가버렸다.

내 입장에서는 새로이 돌봐야 할 고양이들이 일곱 마리나

늘었다. 매일 치워야 할 밥그릇과 물그릇도 늘고, 사료가 떨어지는 속도도 빨라졌지만 일곱 아기고양이들이 밥자리에 모여 있는 모습을 지켜볼 때마다 행복했다. 한 달간 공터는 그 어느 때보다 북적이고 시끌벅적했다. 아홉 마리 고양이 대가족이 아무런 걱정 없이 즐거운 시간을 보냈다.

그러나 번영이 있으면 쇠락이 있고 만남이 있으면 헤어짐이 있는 법. 이윽고 흰눈이 떠날 채비를 했다. 사람이 보기엔 고작 옆 건물이었지만, 고양이는 극단적으로 영역을 옮기지 않는다. 게다가 그 체격에 두 집을 건너뛰는 것이 쉬운 일일까. 자매와 싸울 수는 없었다. 흰눈은 엄마로서 자식들이 머물 영역을 마련하기 위해 힘든 결정을 내린 것이었다.

두 엄마고양이는 지난날의 결속을 뒤로하고 각자 독립된 세계로 들어섰다.

흰눈과 점순,
각자의 방식으로 자식을 돌보다

흰눈의 자식들에게 모찌, 모나, 모모라는 이름을 지어주었다.
모찌와 모나는 엄마처럼 얼룩무늬인데, 검은 털 대신 회색
털에 노랭이처럼 줄무늬가 있었다. 모모는 진회색 줄무늬가
등 전체를 덮었다. 모찌는 세 형제 중에서 가장 왜소하고
약해서 마음이 쓰였다. 흰눈도 같은 마음인지 유독 모찌를
챙겼다. 꼭 장군이 때처럼 모찌에게서 눈을 떼지 못했고,
가는 곳마다 따라다녔으며, 수시로 얼굴을 핥아주고,
추락 위험이 있는 옹벽 끄트머리로 가지 못하게 철저히
막았다. 모찌는 그런 간섭이 못마땅했는지 엄마가 씻겨주면
고개를 절레절레 흔들며 심통을 부렸고, 옹벽 끝에서
버티며 앙칼지게 반항했다. 자식이 부모 마음을 모르는 건
고양이도 마찬가진가 보다. 반면 모나와 모모는 엄마 말을
잘 듣는 고양이였다. 모찌 혼자만 조금씩 엇나갔다.

점순의 자식들에게는 도찌, 도나, 도도, 토토라는 이름을
지어주었다. 도찌, 도나, 도도는 삼색이, 토토는 턱시도
고양이였다. 네 형제 중에도 모찌처럼 체구가 작고 약해
보이는 녀석이 있었으니 도찌였다. 당연히 점순도 다른
자식보다 도찌를 더 많이 신경 썼고, 그럴수록 도찌도
모찌처럼 반항하거나 위험한 행동으로 엄마를 놀라게 했다.

약한 자식에게 더 마음 쓰는 것은 흰눈이나 점순이나
마찬가지였지만 둘의 육아 방식은 달랐다. 흰눈이 애미처럼
한 발 물러난 채 자식들 일에 관여하지 않았다면, 점순은
조카 장군에게 그랬듯 네 자식들과 자주 놀아주며 친구
같은 엄마가 되었다.

　　돌이켜보면 육아 방식만 다른 건 아니었다. 한날한시에
한 엄마 배에서 태어난 흰눈과 점순은 쌍둥이와 다름없는

얼룩무늬 고양이 자매였지만, 자세히 보면 무늬도 성격도 성향도 다 달랐다. 어릴 때부터 흰눈은 밥을 먹을 때 제 몫 이상을 탐하지 않고, 다 먹으면 곧바로 높은 곳으로 달려가 경계를 섰다. 점순은 재빠르게 제 그릇을 비우고 엄마 몫을 넘보다가 꿀밤을 맞곤 했고, 좀처럼 애미 곁을 떠나는 일 없이 졸졸 따라다녔다. 흰눈이 일찍부터 독립적인 성향을 보였다면, 점순은 다정하고 관계 지향적인 고양이였다.

애미가 가르치는 여러 삶의 기술을 받아들이는 방식도 달랐다. 점순은 애미의 방식을 따르며 적극적으로 영역을 지켰고 필요할 땐 타협할 줄도 알았다. 흰눈은 다른 고양이와의 마찰을 최대한 피하거나 상황에 맞춰 영역을 조금씩 옮겨갔다.

둘은 어린 시절부터 공터에서 크고 작은 일들을 겪으며 저마다의 고유성을 가진 개체로 자랐다. 애미에게 물려받은 다양한 것들 중 어떤 것은 그대로 받아들이고, 또 어떤 것은 성향이나 성격에 따라 자기만의 방식으로 해석하고 선택하며 눈앞에 닥친 일들을 헤쳐나갔다.

흰눈과 점순 역시 새로 태어난 자식들에게 자신들이 지닌 것을 물려주겠지만, 자식들은 다시 자기만의 방식으로 세상을 바라보고 매 순간순간 새로운 선택을 해나갈 것이었다.

흰눈의 세 번째 출산과 점순의 첫 출산을 지켜보면서,

마냥 어린 줄로만 알았던 두 고양이가 자식들을
키워나가는 모습을 보면서 고양이에 대한 정보가 무척이나
부족하거니와 현실과 동떨어져 있다는 걸 알았다.

　　고양이는 한 해에 두 번 정도 임신이 가능하고 한 번에
둘에서 셋, 많게는 여덟 마리까지 낳을 수 있다. 이는
고양이가 '번식력'이 좋다는 설명으로 귀결되는데, 내가
지켜본 고양이들의 생활은 이런 백과사전식 설명에 맞지
않았다. 짝짓기를 한다고 임신이 되는 것이 아니며, 자식을
많이 낳았다고 해서 모두 성묘로 자나라 대를 이어갈 수
있는 것이 아니었다. 과정과 과정 사이에는 무수한 탄생과
죽음, 고양이들간의 다툼, 사람과 고양이 사이에서 발생하는
문제들이 있었다. 고양이는 매번 자기만의 방식으로 이 모든
것을 헤쳐나갈 뿐이었다.

　　이런 생각이 들자 새삼 흰눈과 점순을 낳고 돌보고
손주가 태어나고 자라날 환경을 마련한 애미가 대단하게
느껴졌다. 자식을 낳는다고 해서 엄마가 되는 것이 아니었다.
애미는 수년간 자식을 품고 낳고 잃고, 또 품고 낳고 잃고
낳고 키우고 돌보면서 엄마가 되었다. 흰눈과 점순도
자식을 낳아서 엄마가 된 것이 아니라, 제각각의 방식으로
키워나가면서 엄마가 되어가고 있었다. '엄마'라는 단어는
명사가 아니라 동사에 가까웠다. 고정된 하나의 역할로
정의할 수 있는 단어가 아니라, 고양이가 자식을 낳고
돌보면서 맞닥뜨리는 모든 상황을 저마다의 방식으로

헤쳐나가는 과정의 총체가 '엄마'라는 단어에 걸맞지 않을까. 그렇게 흰눈과 점순은 자기만의 방식으로 엄마가 되어가고 있었다.

이사 날짜가
정해지다

처음 방배동에 이사 왔을 때만 해도 이 동네는 참 한산했다.
사람이 들고 나는 것은 잘 몰라도 시간이 흐르면서 자동차
수가 늘기 시작했다는 건 알아챘는데, 어느새 동네가
자동차로 가득 차 포화 상태가 되었다. 골목길이 주차장이
된 탓에 수년 전 뒷산에 불이 났을 땐 소방차가 올라오지
못해 주민들이 직접 불을 꺼야 했다. 언젠가부터 재건축
이야기가 나돌기 시작했다. 재건축은 좋게 본다면 사람들이
안전하고 편안하게 살아갈 수 있도록 주거환경을 개선하는
것이지만, 막대한 자본이 필요한 사업인지라 가진 사람의
잇속 계산에 따라 가진 것 없는 사람이 밀려나게 된다. 어디
사람뿐일까. 말 많고 탈 많은 사업에 말 한마디 못 붙이고
밀려나는 수많은 생명체가 있고 그중 하나가 고양이다.
돈으로 환산되지 않으면 가치 없는 것으로 치부되고, 그런
존재는 쉽게 밀려난다.

2015년 방배동 일대가 재건축 지역으로 지정됐다. 사업 진행은 지지부진했지만 동네가 들썩일 때마다 이사 걱정이 앞섰다. 오래 살아온 동네를 떠난다는 것을 상상하기가 어려웠다. 2016년 조합 설립인가가 되자마자 동네가 뒤숭숭해졌고 우리 가족은 그런 흐름에서 한시바삐 벗어나려고 부동산에 집을 내놨다. 그럼에도 도무지 실감이 나지 않아 고양이 밥자리를 챙기고 공터를 공원으로 만드는 일에만 온 신경을 쏟아부었다. 그러다 덜컥 매매가 성사되었고 이사 날짜가 정해졌다. 도장 찍힌 계약서를 보니 흰눈과 점순의 가족 그리고 동네고양이들 얼굴이 하나하나 눈앞을 스쳐갔다.

새로운 거처를 찾아 부동산을 전전하는 것은 피곤한 일이었지만, 고양이들의 거처 문제 앞에서는 아무것도 아니었다. 사람 집은 어떻게든 해결될 것이었다. 그러나 고양이의 삶에 어떤 변화가 생길지, 무엇을 미리 준비해야 할지 도무지 짐작이 되지 않았다. 흰눈과 점순이야 제 앞가림은 하겠지만, 일곱 새끼고양이들이 무사히 독립하여 이 시기를 잘 넘길 수 있을지 걱정되고 불안했다.

애미는 두 딸에게 영역을 만들어주고 떠났다. 흰눈과 점순도 때가 되면 자식들을 남겨두고 공터를 떠날까. 어떤 선택과 결정을 내릴지 알 수 없었지만, 그들 모두를 살리고 살아갈 방도를 마련하려면 사람이 개입할 수밖에 없다고 판단했다. 고양이에게도 사람에게도 쉽지 않은 일이 될 터.

마음의 준비가 필요했다.

방자와 네로, 흰눈의 자식들이 두 달을 채 넘기지 못한 것을
보면 새끼고양이가 어른고양이로 자라는 일은 쉽지 않았다.
먹이를 구하고 영역을 확보하고 아플 때 치료하는 일 등
살아가기 위한 모든 일을 전적으로 고양이가 알아서 하도록
내버려둔다면 자연적으로 개체 수는 조절될지도 모른다.
그러나 모찌, 모나, 모모, 도찌, 도나, 도도, 토토가 방자와
네로와 장군처럼 스러질지도 모른다고 상상하면 괴로웠다.
누구든 공터를 떠나면 내가 어떻게든 나설 여지가 없어질
것이었다. 부모자식 간의 분리와 독립은 막을 수 있는 일도
아니었다. 애미처럼 지켜줄 엄마가 없다면 일곱 고양이 중
살아남을 수 있는 고양이는 많아야 한둘이거나 아무도
없을 것이었다. 여기까지 생각이 미쳤을 때 내가 떠올린
해결 방법은 구조와 입양 보내기였다. 그러려면 가장 먼저
중성화수술을 시켜야 했다.

그해 여름, 서울 강동구 둔촌주공아파트 단지에 사는
고양이 약 250마리 이주 프로젝트 팀 '이사 가는 둔촌
고양이'를 알게 되었다. 고양이를 살리기 위해 많은 사람이
자신의 경험과 지식과 재능을 공유하며 '일'을 꾸려나가는
모습에 감탄하지 않을 수 없었다. 그들이 여는 세미나에
참석해 다양한 정보를 얻을 수 있었는데, 그중 하나가

재건축 지역의 고양이를 구조하는 일의 전제 조건이
중성화수술이라는 사실이었다. 사람 이사야 반나절이면
끝나지만, 고양이 이사는 그렇지 않았다. 이사 보내야 할
고양이들을 최대한 정확히 파악하고 더는 개체 수가 늘지
않도록 유지하며 변수를 줄여야 했다. 이주를 보낸 다음도
문제였다. 영역 싸움이 발생하지 않게 하고, 그 지역의
고양이 개체 수 증가를 막으려면, 이주 보낼 곳에 원래 살고
있던 고양이들까지 중성화수술을 시켜야 했다. 이런 일련의
과정을 숙지하면서 한편으론 사람이 벌이는 일인데, 모든
책임을 고양이에게만 떠넘기는 것 같아 마음이 쓰였다.
중성화수술은 고양이가 이 도시에서 사람과 공존하기 위해
어쩔 수 없이 지불해야 하는 자릿세 같았다. 내가 다른
누군가의 삶을, 그것도 나와 다른 종이 가진 삶의 어떤
권한을 임의로 결정해도 되는 것일까. 이 결정으로 고양이의
삶이 달라지고 고양이가 하는 당연한 일들이 더는 이뤄지지
않는다고 생각하면 결정의 무게가 너무나 무겁게 느껴졌다.
하지만 당시에는 더 깊게 고민해보지 못했다.

농림축산부에서는 "몸무게 2킬로그램 미만이거나 수태
또는 포유" 상태가 아닌 길고양이를 중성화수술 대상으로
여긴다. 고양이의 의지와 바람은 고려의 대상이 되지
않는다. 고양이들이 짝짓기를 하고 임신과 출산 과정을
거치고 자식을 돌보고 독립시키는 과정에서 자연스레

체득하는 생활기술이 있을지도 모르는데, 무엇보다
자식을 더 보길 바랄 수도 있는데, 세심하게 연구하지 않고
산술적 계산만으로 이루어지는 정책이 과연 고양이를
위한 일일까. 중성화수술을 무조건 반대하는 것이 아니다.
분명 그 수술을 통해 생활이 더 나아진 고양이들이 있기
때문이다. 그렇다 하더라도 다른 종이 하는 일에 개입하려면
그 전에 깊이 고민해야 할 것이 많았다. 사람은 고양이가
아니니까. 고양이 종의 생육과 번성은 고양이의 일이지
사람의 일이 아니니까. 슬프게도 현실은 그렇지 않아서
중성화수술은 고양이를 싫어하는 사람의 불만을 잠재우고,
고양이를 좋아하는 사람과 싫어하는 사람을 중재하는 일
정도로 여겨지는 것 같았다. 그때 이런 문제들을 더 자세히
들여다볼 수 있었다면 나는 다른 선택을 했을까?

길고양이 중성화수술 사업, 일명 TNR(Trap Neuter
Return)은 중성화수술을 시킨 고양이를 다시 방사하는
제도이다. 길에서 만나는 고양이의 왼쪽 귀 끝이 잘려
있다면 수술을 받고 돌아온 고양이라는 의미다. 애미가
방자와 네로를 데리고 처음 공터에 나타났을 때, 이미
왼쪽 귀가 잘려 있었다. 싸우다 뜯긴 것이 아니라 날카로운
도구로 잘린 모양이었다. 인간의 허술함 덕분에 나는
점순과 흰눈을 만날 수 있었다. 점순과 교미한 까망도 처음
나타났을 때 이미 귀 끝이 잘려 있었다. 윗동네 캣맘이

자신이 직접 병원에 데려갔다고 말해주었다. 그런데도
까망과 점순 사이에서 도찌, 도나, 도도, 토토가 태어났다.
인간이 아무리 애쓴들 고양이의 일을 통제할 순 없었다.

창문과 공터를 잇는
다리를 놓다

고양이들에게 앞으로 어떤 일이 닥칠지 설명할 길이 없어
답답한 건 나뿐이었다. 고양이들은 살 길을 찾아가고
있었다. 창문 너머 공터의 점순이 가족, 거처를 옮긴
흰눈이 가족을 보면서 이전으로 돌아갈 수 없다는 사실을
깨달았다. 공터에서 두 자매를 마주하던 시절은 막을 내린
것이다. 흰눈과 점순은 엄마로서 새로운 '일'을 하며 매순간
최선의 결정을 내려야 했다. 이제 더는 누군가의 보호를
받으며 공터에서 한가로이 지낼 수 없다는 의미였다.

　　이삿날까지 석 달 남짓 남았다는 걸 깨닫자 마음이
다급해졌다. 고양이들 누구든 괜찮다고 허락한다면 함께
떠나거나 함께 지낼 사람을 찾아주고 싶었다. 그렇다고
흰눈에게 그랬듯 강제로 사람 집 안에 데려오거나 보내고
싶지 않았다. 현관문을 살짝 열어놨을 때 흰눈이 제 의지로
슬며시 들어왔던 것처럼, 그런 일을 다시 만들어보고

마리를 불 건 권순 고면 주위가 밥 게 돼도,

싫었다. 그러나 아홉 고양이가 공터에서 현관까지 오기는
힘들 터였다. 나는 창문을 이용해보기로 했다. 창문에서
1미터 떨어진 공터까지, 고양이들과 나 사이의 거리 1미터를
어떻게든 이어보기로 했다.

너비 약 50센티미터, 길이 약 1미터짜리 직사각형 판재를
구해다가 그 위에 이삿짐 나를 때 쓰는 플라스틱 박스를
펼쳐 깔았다. 고양이들이 다치지 않고 오갈 수 있는 다리를
공터 옹벽과 창틀에 걸쳐놓고, 밥자리에 있던 밥그릇과
물그릇을 창틀 쪽으로 옮겼다.

점순이 가족은 경계심과 호기심을 품고 다리를
탐색했다. 가장 먼저 발을 뗀 건 도찌였다. 매일 밥이 나오는
화수분 같은 창문 너머에 대한 궁금증도 한몫했을 테다.
용기를 낸 덕에 창문에 다다르자마자 갓 딴 촉촉한 캔을

먹는 즐거움을 누렸다. 마냥 약해 보였던 도찌의 생존전략은
모험심을 행동으로 옮기는 실행력이었다.

　　도찌가 캔을 맛나게 먹는 모습에 나머지 형제들이
자극받았다. 도나와 도도가 뒤를 이어 다리를 건너왔다.
작은 고양이 둘이 나란히 걷기에 적당한 너비지만 누구
하나 펄쩍 뛰었다간 2미터 아래로 떨어질 수 있었다.
고양이들이 놀라지 않도록 창가에서 멀찍이 떨어진 채
가만히 기다렸다. 도나가 먼저 창문에 도착해 캔을 먹는
동안 도도가 뒤에서 자기 차례를 기다렸다. 토토까지 배불리
먹으려면 시간이 꽤 걸릴 것이었다. 나는 급할 게 없었다.
이 기다림을 시작한 것은 나니까. 식탁에 앉아 책으로
얼굴을 가리고 몰래 힐끗힐끗 고양이들이 식사하는 모습을
엿봤다. 다른 형제들과 달리 경계심이 아주 강한 토토까지
다리를 건너자 그제야 점순도 조심스럽게 우리 집으로
다가왔다. 그렇게 다섯 식구가 배를 두둑이 채우고 공터로
돌아갔다.

　　매일 아침 공터의 밥자리에 새 사료와 깨끗한 물을
채우는 대신, 창문을 열고 다리를 놓았다. 고양이들은
공터에서 놀다가 배가 고프면 다리를 건넜다. 몇 번
오가다보니 그새 조금은 익숙해진 모양이었다. 밥그릇을
창틀에서 싱크대 위로 옮겼고, 고양이들이 창틀에서 쉽게
내려올 수 있도록 계단을 만들어주었다. 어차피 이만큼
가까이 왔겠다, 한 발 더 내딛는 것은 그리 어렵지 않았는지

점순이 먼저 내려와 밥을 먹자 새끼고양이들도 줄줄이 따라왔다. 배를 채운 다음에는 점순이 마지막으로 나섰다. 천천히 등을 돌려 느릿느릿 건너가다 말고 다리 중간에 자리를 잡고 앉은 점순. 밥을 먹는 동안 자식들에게도 자기에게도 아무 일도 일어나지 않아서 조금 안심이 됐던 걸까. 나를 등지고 다리 한가운데에 앉아 공터를 바라보는 점순의 뒷모습에 가슴이 뭉클해졌다. 두려움과 믿음 사이에서 내게 뒤를 보이고 앉은 점순을 보니 우리 사이가 딱 그만큼 가까워진 것 같았다.

며칠 뒤, 뒤늦게 밥자리 이동 소식을 전해 들은 흰눈이 세 자식을 데리고 창문 앞에 나타났다. 최고 용감상은 모모에게 돌아갔다. 모모는 거침없이 다가왔고, 모찌와 모나가 뒤를 따랐다. 자식들만 보낼 순 없으니 뒤이어 흰눈이 창문 앞까지 와서 배를 채웠다. 그날부터 창문이 열리고 다리가 놓이는 것이 캔 먹을 시간이라는 알림이 되었고, 흰눈이 가족과 점순이 가족 모두 앞다투어 다리를 건너려 했다.

왜 진즉 이런 생각을 하지 못했을까. 창문을 열어주고, 문을 열어두고, 담을 길로 내주면서 함께 살아갈 수도 있는데 내 집은 내 영역이라고만 여겼다. 문득, 도쿄에 여행 갔을 때 우에노 지구의 주택가에서 만난 고양이가 떠올랐다. 담장 위에서 나를 발견하고는 사람 무서운 줄 모르고 앙칼지게

화를 내던 고양이. 나도 모르게 미안하다고 사과하며
골목을 벗어났다. 그 모습이 마음에 오래 남았는데, 어쩌면
그 고양이는 동네의 한 일원으로서 당당하게 살아가고
있지 않았을까. 가끔 다른 나라에 여행 간 사람들이 찍어
올린 고양이 사진을 보면 다들 당당하고 여유로워 보였다.
유독 한국에 사는 고양이만 팍팍한 인심에 잔뜩 위축된 채
지내는 것 같았다.

고양이가 안전하게 지낼 수 있는 곳을 공터로 제한하지
않고 사람과 고양이 사이에 다리를 놓을 수 있었다면,
아니 동네 전체를 고양이가 살기 편안한 곳으로 만들 수
있었다면 좋았을 텐데. 창문과 공터를 잇는 다리를 놓고서야
내가 할 수 있는 일, 해야 할 일이 더 많다는 걸 깨달았다.
30년을 넘게 산 동네에서 고양이들과 알고 지낸 지 이제
겨우 3년 차인데, 그 어느 때보다 동네가 애틋하게 느껴졌다.
이삿날이 다가올수록 떠나고 싶지 않았다.

점순,
중성화수술을 당하다

점순의 자식들을 사람에게 입양 보내기로 했다. 점순이나
새끼고양이들의 의견은 반영되지 않은 일방적인 결정이었다.
당시 나는 길고양이 관련 제도나 정책에 대해 충분히 깊이
고민해보지 않았고, 비판적으로 따져보지 않고 따르기만
했다. 서둘러 도움과 지원을 받아야 한다는 생각뿐이었다.

지역 길고양이 보호단체의 도움을 받아 점순의
자식들을 두 시간 만에 포획했다. 고양이들이 다리를
오가면서 쌓은 믿음을 이용한 덕분에 쉽게 붙잡을 수
있었다. 도찌, 도나, 도도, 토토를 입양할 사람이 나타날
때까지 지낼 수 있는 임시보호처(임보처)로 보냈다. 입양
홍보 사이트에 올라온 네 마리의 귀여운 사진 아래에는
사람과 같이 살기에 좋은 성격을 지녔다는 설명이 달렸다.
순식간에 자식 넷을 잃은 점순은 다음 날까지 쉬지 않고
울었다. "내 자식 내놔", "내 자식 돌려주세요", "내 자식

돌려주면 안 될까", "내 자식 어딨냐고!" 화내고, 울고, 어르고, 윽박지르는 일을 멈추지 않았다. 미처 예상하지 못한 반응이었다.

다음 날, 점순은 구청에서 제공한 포획 틀에 붙잡혀 병원으로 보내졌다. 정부에서 지원하는 길고양이 중성화수술 대상 기준에 해당했기에 수술을 받고 닷새 뒤에 방사되었다. 점순은 한순간도 잊은 적 없다는 듯 창문 앞으로 달려와서 다시 시위를 시작했다. "내 자식들 돌려줘!"

그즈음 점순이 자식들을 임시보호하고 있던 분에게 새끼고양이들이 너무 울어서 더는 보호할 수 없겠다는 연락이 왔다. 엄마 곁을 떠난 지 열흘이 지났는데 한시도 쉬지 않고 울었다는 말을 듣자마자 내가 또다시 큰 실수를 저질렀음을 깨달았다. 넷 중 토토는 사람이 다가가기만 하면 맹렬하게 저항했고, 덩달아 나머지 형제들도 목청을 높였다고 한다. 다른 임보처도 입양처도 구하지 못한 상태였기에 달리 방법이 없었다. 그날 밤, 임보처에서 도찌, 도나, 도도, 토토를 다시 데려와 공터에 풀어주었다. 이동장에서 빠져나온 고양이들은 익숙한 흙냄새를 확인하고는 재빨리 풀숲으로 달려갔다.

집으로 돌아와 창문에 서서 공터를 살폈는데 아무도 보이지 않았다. 내 자식 내놓으라고 소리치던 점순도 나타나지 않았다. 나는 더 이상 고양이들에게 믿음의 대상이 될 수 없었다. 길에서 사는 것보다 사람과 사는 것이

더 안전하다고 믿는 지역 활동가들에게 고양이들을 공터로
다시 돌려보낸 나는 결단력 없고 무책임한 사람이 되었다.
나는 고양이와 사람 사이에서 갈피를 잡지 못했다.

어미고양이는 사람 체취가 묻은 새끼고양이를 보살피지
않는다는데, 점순이 자식들을 외면하면 어떡하나 싶어 밤새
뒤척였다. 날이 밝자마자 창문을 여니 점순과 새끼고양이들
모두 밥자리에 모여 있었다. 조금 안도했다. 점순은 아직
수술 부위가 쓰린지 자식들이 아랫배를 건드리는 것을
경계할 뿐, 하나하나 정성스레 얼굴을 핥아주었다.

　　늘 일을 저지르고 나서야 깨닫는다. 고양이들 사이에
함부로 개입해서는 안 된다는 사실을. 그리고 한 가지 더,
다른 사람의 의견에 지나치게 끌려다니면 안 된다는
것을. 중심을 잡지 못했다. 내가 그동안 고양이들을
따라다니면서 알게 된 것들, 실수하면서 배운 것들이
이삿날이 다가온다는 초조함과 불안함 앞에서 흔들렸다.
고양이 보호 활동을 하는 분들의 입양과 중성화수술에
대한 강력한 발언 앞에서 고양이를 위해 내가 해온 일들에
자신이 없어졌다.

　　나는 그런 사람이었다. 잘 알지 못하는 일에 대해서는
단정을 내리지 못하고, 겨우 알게 된 것이 전부인 양
나서지도 못하는 사람. 이미 마련된 제도를 신뢰하지
못하면서 어쩔 수 없다는 태도로 동참하는 사람. 어정쩡한

태도 때문에 고양이들이 고생했지만, 그러나 한편으론 단호하지 못해서 고양이들에게 빠져나갈 구멍이 되어주지 않았을까. 그날 아침 자식들에게 둘러싸인 점순이 나를 바라보는 표정은 지난 열흘과 달리 원망하는 얼굴이 아닌 것 같았다. 제 할 일이 무엇인지 스스로 깨달을 때까지 오래 기다렸다고, 이제는 '사람' 구실을 좀 할 수 있겠냐는 듯 지긋이 쳐다보고 있었다.

흰눈,
자식들을 독립시키다

진회색 고등어무늬를 가진 까망은 도찌, 도나, 도도, 토토의
아빠다. 물론 치즈색 노랭도 도찌, 도나, 도도, 토토의
아빠다. 한창 달뜬 상태였던 점순을 찾아온 까망은 털색이
어둡고 덩치가 제법 커서 처음 마주쳤을 때는 절로 몸이
움츠러들었다. 언젠가부터 잘생긴녀석의 밥자리에 먹이를
채우면 잘생긴녀석은 보이지 않고 어디선가 까망이 달려와
발등에 볼을 비비며 반갑게 인사했다. 덩치에 안 어울리게
나만 보면 짧고 가느다란 소리를 내며 사랑의 눈웃음을
날렸고, 밥을 먹을 때는 곁에 있어주길 원하는 눈치였다.
동네고양이들과 알고 지낸 이래로 이렇게 격하게 반기는
고양이는 처음이었던지라 어찌 반응해야 할지 몰라
쩔쩔매다가 조금 용기를 내서 한 손가락으로 정수리를
긁어주었다. 그날부터 까망은 길에서 우연히 마주치면
후다닥 달려와 발치에 철퍼덕 누웠고, 나도 망설이지

평상 아래서 쉬고 있는 껑, 라이언, 모찌.

않고 까망의 정수리를 긁어주고 엉덩이를 두들겨주고 배를 쓰다듬어주었다. 밖에 사는 고양이와도 신체 접촉이 가능하다는 것을 까망이 덕에 알았다.

까망이 점순을 만나려고 윗동네에서 내려왔을 때 혼자 온 건 아니었다. 오렌지색 암고양이가 졸졸 따라다니며 까망의 행동을 유심히 지켜보고 그대로 따라했다. 까망이 사람을 살갑게 대하면 자신도 사람에게 곁을 내주었다. 수고양이와 암고양이가 붙어 다니는 게 신기했는데, 윗동네 캣맘에게 둘의 애틋한 사연을 전해 들었다.

까망의 가족은 쥐약을 먹고 떼로 죽임을 당했고, 유일하게 살아남은 어린 까망을 누군가가 구조해 살려냈다고 한다. 가족을 해친 사람보다 자신을 살린 사람이 더 마음에 남았는지, 까망은 사람 좋아하는 고양이로 성장했다. 일찍 혼자가 된 탓에 자신과 처지가 비슷한 고양이를 만나면 곁을 내주었고 그중 하나가 오렌지였다. 어려서 일찍 엄마와 떨어진 오렌지는 까망이 키운 것이나 다름없었다. 오렌지에게 까망은 아빠고 엄마였다. 그렇게 오렌지는 까망을 따라 공터까지 내려왔고, 어느 날 혼자 산책하다 마주친 사람에게 스스럼없이 다가가 그 사람이 주는 밥을 먹었으니 그렇다, 이 오렌지색 고양이가 앞에 잠깐 등장한 '낑'이다. 까망과 낑을 돌보는 윗동네 캣맘은 까망을 '라이언'이라고 불렀다. 나는 더 오랜 시간 불린 이름을 따르기로 했다. 라이언과 낑 모두 진작 중성화수술을 받았기에 붙어 다닐 수 있었는데, 라이언이 점순과 짝짓기한 것을 보면 귀만 잘린 것인지도 몰랐다.

고양이계의 휴머니스트라 할 수 있는 라이언은 사람, 고양이 가리지 않고 친절하게 대했고 늘 싸움 대신 평화를 택하는 고양이였다. 공터 밥자리에서 점순에게 밀려난 흰눈이 어느 날부터 잘생긴녀석과 라이언의 밥자리에 드나들기 시작했는데, 굴러 들어온 돌이 박힌 돌 빼낸다고 흰눈은 라이언이 밥을 먹으러 오면 윽박지르며 내쫓았다. 라이언은 맞서 싸우는 대신 나에게 하소연을 했고, 라이언이 적이 아님을 보여주기 위해 나는 일부러 흰눈이 앞에서 라이언 머리를 쓰다듬어주곤 했다. 흰눈은 자식들과 안전하게 밥을 먹고 싶어서 라이언을 몰아세웠을 테지만, 그 만남이 어떤 인연으로 이어질지 그땐 몰랐을 것이다.

모찌, 모나, 모모가 밤마다 저들끼리 우리 집 앞 골목까지 내려와 돌아다니기 시작했다. 아무래도 모유 수유를 끝낸 흰눈이 네 번째 발정이 난 모양이었다. 무리에서 제일 먼저 떨어져 나온 건 모찌였다. 부쩍 골목에서 마주치는 일이 늘었고, 우리 집 앞마당에도 자주 나타났다. 라이언도 종종 우리 집 근처로 나를 만나러 오곤 했는데, 모찌 눈에 그런 라이언이 들어왔나 보다. 어느 날부터 모찌는 앞마당에서 라이언을 기다렸고, 라이언이 나타나면 자기를 돌봐달라는 듯 애절하게 울었다. 가장 약한 녀석이 살아보겠다고 애쓰는 모습에 마음이 뭉클해졌다. 라이언도 그런 마음이었나 보다. 하루는 앞마당에서 모찌에게 밥을 먹이는데 라이언이 다가와 모찌의 정수리를 정성스레 핥아주었고, 그 모습을 본 낑이도 자연스레 모찌를 받아들였다. 셋은 여름 내내 함께 동네를 누비고 잠을 자고 밥을 먹었다. 내가 외출하려고 집을 나서면, 앞마당에서 일광욕을 즐기던 세 고양이가 나를 보고 계단을 성큼성큼 올라와 두 눈을 찡긋 감으며 반가움을 표시했다. 라이언과 낑이가 정성스럽게 보살펴주는지 모찌는 하루가 다르게 건강해져갔다. 가족이란 이런 것이었다. 꼭 피를 나눠야만 가족이 아니라, 성별이나 혈연을 구분하지 않고 그저 서로 사랑하고 보살피고 아껴주고 함께 지내면 그게 가족이었다.

라이언은 여름이 끝나갈 무렵 떠났다. 그렇게 나 좋다고 쫓아다니던 녀석이 간다는 기별도 없이 가버렸고, 나는 애미가 떠났을 때만큼 마음이 쓰라렸다. 사랑하는 이와 헤어지는 일은 결코 익숙해지지 않았다. 라이언이 공터를 떠나고 나서야 도찌, 도나, 도도, 토토의 아빠라는 사실이 새삼 떠올랐다. 그제야 떠난 이유가 분명해졌다. 점순의 아빠가 그랬듯 때가 되어 자식들을 위해 떠난 것이리라. 낑이에게 모찌를 가족으로 남겨두고 말이다. 낑은 라이언이 떠나자 윗동네 캣맘 집 근처의 제 영역으로 돌아갔다. 라이언 없이 낯선 영역에서 지내는 것이 쉽지 않은 모양이었다. 그래도 날마다 모찌를 만나러 내려왔고 모찌도 용기를 내서 낑이를 보려고 언덕을 올랐다. 영역이 다른 고양이들이 서로를 만나기 위해 경계를 넘나드는 모습이 얼마나 대단해 보이던지. 고양이들도 서로를 그리워하고, 사랑하는 이와 만나기 위해 날마다 용기를 내며 산다는 것을 낑이와 모찌를 보며 알았다.

모찌는 여름의 추억을 양분 삼으며 우리 집 앞마당에 자신의 거처를 마련했다.

아랫집 모녀에게
고양이를 부탁하다

고양이들에게 돌을 던지던 아랫집 부부는 우리 집보다
한 달 먼저 동네를 떠났다. 덕분에 한동안 앞마당에서
라이언과 낑과 모찌가 편히 지냈고, 나도 사람 눈치 안 보며
고양이들과 즐거운 한때를 보냈다. 아랫집은 주인이 바뀌며
임대를 놓았는지 한 모녀가 이사를 왔다. 재건축조합이
결성되었지만 앞으로 몇 년은 더 지나야 본격적으로 철거가
시작될 테고, 그때까진 계속 사람이 들고 날 것이었다.
그 사람들과 고양이들이 잘 지내려면 무슨 일이라도 해야
했다.

　　모찌는 앞마당에 놓인 평상 아래를 좋아해서 그곳에
밥자리를 마련하고 싶었는데, 그러려면 아랫집에 양해를
구해야 했다. 모녀를 찾아가 사정을 설명했더니 되레
반가워하면서 자신들은 반려묘와 함께 살고 있다고,
필요하다면 앞으로 고양이들 밥도 챙겨줄 수 있다고 하셨다.

그 옆집에 사는 분들에게도 양해를 구했다. 덕분에 평상
아래와 뒷마당으로 가는 길목에 밥자리를 마련할 수
있었고, 내가 살던 건물과 옆 건물 사이, 인적이 뜸하지만
누구나 지나다닐 수 있는 공터로 가는 길목에는 구청에서
제공하는 길고양이 급식소를 설치했다. 밥자리를 세 곳으로
분산했다. 이제 공터의 밥자리를 정리할 시간이 다가왔다.

사람 발길이 끊기면서 공터에는 이름 모를 식물들이
무성하게 자라났다. 어떤 식물은 사람 키만 하고, 또 어떤
식물은 가시가 있어서 점점 사람이 들어가기 힘든 곳이
되었다. 고양이들은 별 어려움 없이 공터에서 잘 지냈지만,
이제는 창문 너머에서 밥이 나오지 않을 거라는 사실을
설명할 도리가 없었다. 내 가족은 이 집을 떠나지만 다른
누군가가 들어와 살 텐데, 혹시라도 고양이를 싫어하는
사람이라면 밥이 나오길 기다리는 고양이들에게 무슨 짓을
할지도 몰랐다. 공터 옹벽 가장자리에 꽃을 심었다. 싹이
자라나면 고양이들이 다가오지 않을 것이고, 꽃이 피면
가림막 역할을 해줄 것이었다.

여전히 동네에는 고양이를 싫어하는 사람과 공터를
텃밭으로 일궜던 사람 들이 남아 있었다. 내가 떠나면
고양이들과 그들 사이에 서있을 사람이 없어질 것 같았다.
공터가 공원으로 조성되었지만 계속 잘 유지될지도
미지수였다. 게다가 동네 사람들 대부분 공터를 공원으로

되돌린 일에 대해서는 잘 몰랐다. 동네 사람 전부는
아니어도 공터 주변에 사는 사람들에게는 공터를 둘러싸고
벌어진 그간의 일들을 알려야겠다고 마음먹었다.

여러 건의 화재, 토양 오염, 산사태 발생 기록과 그
원인인 불법 경작과 쓰레기 무단투기, 불법 벌채에 대해
설명하고, 서울시와 서초구청을 통해 공터의 용도가
사유지가 아닌 공원부지임을 확인받았으며 그에 따른 정비
작업 과정까지 소상히 정리했더니 A4 용지 다섯 장 분량의
문서가 나왔다. 마지막으로 공원에서 문제가 생긴다면 주민
누구라도 구청에 해결책을 요구할 수 있도록 담당부서
연락처를 남겼다. 그 문서를 출력해 공터 주변 빌라들의
우편함에 하나하나 직접 배달했다.

문서 효과는 바로 다음 날부터 느껴졌다. 공터 주변의
집이라고 해봐야 우리 집 포함 열 가구 정도인데, 길에서
마주친 이웃들은 내게 애써줘서 고맙다고, 잘 정리되어
다행이라는 인사를 건넸다. 감사 인사를 받으려고 한 일은
아니었지만, 사람들이 공원에 대해 알게 되었고 그간
알은 척은 안 했어도 내가 고양이들을 챙겨왔단 사실을
알기에 앞으로 공원과 고양이의 삶을 더 눈여겨보리라는
생각에 안도가 되었다. 개인 간의 갈등으로 끝날 뻔했던
일을 공공연히 알린 덕에 공터에 사람 아닌 다른 생명도
살아가고 있다는 사실을, 이 땅의 권리는 사람에게 있지
않다는 사실을 전할 수 있었다. 내가 이곳을 떠나도 공터가

공원부지라는 것을 아는 주민들은 더 이상 누군가의 불법 행위를 간과하지 않을 것이고, 그 안에서 지내는 고양이들의 삶도 조금은 더 안전해질 것이다.

모찌는 앞마당에 완전히 자리를 잡았다. 라이언처럼 먼저 다가오거나 살갑게 인사하는 일은 좀처럼 없었지만 제 엄마처럼 나를 무서워하지는 않았다. 내가 다가가도 도망가지 않았고, 눈을 마주치는 것도 싫어하지 않았다. 다만 만지는 것은 절대 허용하지 않았다. 흰눈, 점순이 항상 1미터 거리를 유지했다면, 모찌와 나의 거리는 30센티미터까지 좁혀졌다. 3대에 이르고서야 이만큼 가까워진 것이다.

평상 아래에 스티로폼 상자로 모찌의 집을 만들어주었다. 아침에 일어나 마당으로 나가면 잠에서 덜 깬 눈으로 나를 올려다보는 모찌. 놀라지도 두려워하지도 않고 그저 졸린 눈으로 나를 바라보는 모찌를 보면, 정말이지 이곳을 떠나고 싶지 않았다. 매일 아침 모찌에게 인사를 건네며 하루를 시작하면 얼마나 좋을까. 속절없이 다가오는 이별의 시간이 너무나 야속했다.

아랫집 모녀에게 모찌를 소개했다. 고양이가 살겠다고 사람 영역까지 들어와서 만난 사람이 마침 고양이와 살고 있고, 동네고양이 소개하는 자리를 마다하지 않으며, 이 동네에

사는 동안 고양이를 잘 돌봐주겠다고 서슴없이 말하는
사람일 확률이 얼마나 될까. 수많은 의도가 쌓여 운이
된다더니 고양이와 같이 살겠다는 내 의도가 점점 쌓여가는
모양이었다. 아랫집 모녀는 어린 모찌를 마주하고 나서야
어린 고양이를 맡기고 가는 내 심정을 이해했는지 연신
걱정하지 말라고 위로해주었다.

방배동을
떠나다

이른 아침부터 집 안이 부산했다. 30년간 살았던 집을
떠나는 날, 포장이사라 딱히 내가 나서야 할 일은 없었지만
버릴 것은 제대로 버려야지 싶어 오래 묵은 짐들이 쌓인
창고 문을 열었다. 입시 준비하던 시절의 화구들이 쏟아져
나왔다. 딱딱하게 굳은 물감 속에 나의 한 시절이 박제돼
있는 것 같았다. 지나간 시간, 그러나 나를 떠난 적 없던
시간이 집 한구석에서 오랫동안 나의 일부로 남아 있었다.
지난 일들을 헤아리다 보면 어떤 시간은 흔적도 없이
사라져버리는 것 같지만 실은 지나간 것도 사라진 것도
없다. 모든 것은 여전히 지금, 여기에 있다. 애미가 떠났다고
생각했지만 애미는 떠난 적이 없다. 애미는 애미를 남겼고
여전히 여기에 있다. 애미를 만나려고 마당으로 내려갔다.
"안녕, 모찌." 담장에 앉아 자신을 올려다보는 나를
내려다보는 모찌는 평온해 보였다.

모찌가 점점 사람에게 다가왔다면 도찌는 점점 뒷산으로 물러났다. 점순의 자식들은 엄마와 강제 이별을 겪은 뒤로 사람을 멀리했다. 산에 올랐다가 개나리 군락 속에 숨어있던 도찌를 만난 적은 있지만 도나, 도도, 토토는 좀체 찾을 수 없었다. 모모와 모나는 낮에는 공터의 한구석에만 머물렀고, 밤이 되면 모찌를 만나러 마당으로 찾아왔다가 날이 밝기 전에 떠났다. 점순도 중성화수술을 받은 뒤로 나를 피했다. 공터의 밥자리에 꽃을 심던 날, 멀찍이 떨어져 그 모습을 지켜보다가 이제 밥자리에 오면 안 된다는 것을 알아챘던 것 같다. 그날 이후로 이사 가는 날까지 창문 너머로 점순을 볼 수 없었다.

한동안 만나지 못한 흰눈이 마당으로 찾아왔다. 계단 아래 앉아 현관을 바라보고 있는 모습이 마지막 인사를 하려고 일부러 나온 듯했다. 흰눈이 좋아하던 캔을 그릇에 담아주고 짐을 싸다가 문밖을 내다보니 빈 그릇만 덩그러니 남아 있었다. 공터도 내 마음도 고양이들로 북적북적했는데, 떠나는 날은 너무나 조용해서 지난날들이 없던 시간처럼 느껴졌다.

고양이들에게 나 떠난다고 요란하게 알릴 필요는 없었다. 나는 다시 고양이들을 만나러 올 것이었다. 밥자리를 마련했지만, 다른 사람에게 밥 주는 일도 부탁했지만, 그냥 맡기고 떠나기에는 마음이 편치 않았다. 언제 시작될지 모르지만, 본격적으로 사람 이주가 시작되면 고양이를 이주시키는 일이 내 할 일이라고 마음을 먹었다. 흰눈을 강제로 집에 들였다가 내보내던 날, 흰눈에게 했던 약속도 지켜야 했다. 흰눈이 원하는 대로 살게 하겠다는 그 약속. 내 마음에 휘둘리지 않고, 사람의 일에 휘둘리지 않고 흰눈이 원하는 방식을 찾아보겠다고 한 그 약속은 여전히 유효했다. 순간의 감정에 치우쳐 다짐하고 약속한 것이 아니었다. 2년이 넘는 시간 동안 고양이들을 지켜보면서 내가 선택한 삶의 방식이었다.

이삿짐 트럭에 살림살이를 차곡차곡 빈틈없이 채웠다. 새 집을 향해 출발하기 전에 평상 위에 놓인 화분들 사이에 숨어있던 모찌에게 다가가 인사했다.

"모찌야, 네가 살아야 할 이유는 이미 네가 가지고 있단다. 꼭 살아서 우리 다시 만나자."

서울 방배동에서 경기도 김포로 이사 간 다음 날부터
일주일에 세 번씩 고양이들을 만나러 왕복 70킬로미터를
오가고 있다. 왜 이렇게까지 하느냐고 묻는다면, 내가 하던
일을 누군가에게 맡기는 것이 미안했고, 미안한 마음을
안고 지내야 한다고 생각하니 부담되었다고 답하겠다.
사실, 고양이들을 만나러 가는 것은 이해타산을 따지지
않아도 되는 행복한 일이고, 사람이 아니라고 해서 더는
만나지 않을 이유가 없었다.

매일 창문 너머로 밤낮없이 고양이들을 지켜보곤 했는데,
일주일에 세 번씩 하루 두세 시간 만나는 것만으로는
고양이들의 변화를 쉽게 파악하기 어려웠다. 밥자리에서
마주치지 못하는 날도 많았다. 고양이 가족이 어떻게
지내다 서로 점점 멀어지고 사라졌는지 추측만 할 뿐
확인할 길이 없다.
　　점순은 내가 떠난 뒤에도 공터에서 생활했다. 이사한
다음 해 봄까지는 뒷산에서 도찌, 도나, 도도를 볼 수
있었지만 여름이 지나고부터는 생사를 확인할 수 없었다.

점순은 암고양이인 도찌, 도나, 도도를 영역에서 내보낸 듯했고, 수고양이 토토를 곁에 두었다. 점순 곁에는 늘 토토가 있었다. 밥자리에도 둘이 함께 나타나곤 했다.

모찌는 한동안 앞마당에서 지내다가 어느 날 사라졌다. 떠나기 직전에 중성화수술을 시키면서 수고양이임을 확인했고, 그제야 수컷이라서 홀로 떨어져 나왔던 것이라고 짐작했다. 모나와 모모의 생사도 확인할 수 없었다.

흰눈은 모찌, 모나, 모모가 태어난 지 세 달이 지났을 무렵에 임신했다. 그러나 네 번째 출산의 결과는 확인할 수 없었다. 이듬해에도 임신을 했는데, 출산하고 어린 자식과 뒷산으로 피신했는지 아주 가끔 산에서만 볼 수 있었다.

2019년 여름, 왼쪽 귀 끝이 잘린 흰눈과 마주쳤다. 정부가 운영하는 '동물보호관리시스템' 홈페이지에 있는 TNR 동물 목록에서 내가 떠나고 1년 반이 지난 무렵에 흰눈이 중성화수술을 받은 기록을 확인할 수 있었다. 점순의 수술 기록도 찾았는데, 모나, 모모, 도찌, 도나, 도도, 토토의 기록은 없었다. 토토를 제외한 나머지 자식들은 살아남지 못한 것 같다.

방배동을 떠나고 2년 뒤, 고양이들의 새 밥자리를 마련할 때 도움을 주었던 이웃들도 모두 임대 기간을 채우고 이사를 갔다. 건물주는 더는 세입자를 들이지 않았고 마당의 밥자리를 모조리 치워버렸다. 어쩔 수 없이 한동안 고양이들은 공터 길목에 설치된 급식소 하나만 이용했다. 한곳에 많은 고양이가 몰리면서 겨울에 전염병이 돌았다. 다섯 살 이상 먹은 나이 많은 고양이들이 죽었고, 점순도 전염병을 피하지 못했다. 영역 지키기도 밥자리 싸움도 거뜬히 해낸 점순이었지만 전염병 앞에선 속수무책이었다. 2019년 겨울, 어떻게든 병원에 데려가려는 나를 피해 아픈 몸을 이끌고 공터의 지하실로 내려간 뒤로 다시는 세상 밖으로 나오지 않았다. 평생 살던 곳이 무덤이 되었다.

영역 싸움을 싫어하는 흰눈은 늘 다른 고양이들과 부딪치지 않도록 틈새 공간에서만 머물다가 밥자리 정리하는 소리가 들려오면 한적한 골목으로 가서 나를 기다렸다. 출산을 여섯 번이나 했는데 어느 하나도 살아남지 못했다는 사실이 흰눈의 마음을 괴롭혔을까. 중성화수술을 받은 이후로는 건강해 보였고, 표정도 태도도 한결 여유 있는 모습이었다. 흰눈은 여러 고양이가 모이는 밥자리를 피한 덕에 전염병으로부터 무사히 살아남았다. 힘이 세고 영리하고 잘 싸우는 것만이 살아남는 데 능사는 아니었다.

점순을 떠나보낸 뒤에도 토토는 계속 공터에 머물렀다. 수고양이라 활동 반경이 꽤 넓었는데, 가끔 뒷산과 아파트단지의 경계에서 암고양이와 코인사를 나누고 헤어지는 모습을 목격했다. 그의 자식들을 확인한 적은 없지만, 태어났다 하더라도 어린 고양이가 살아남기란

요원한 일이니 후손을 남겼을 것 같지는 않다. 토토는
여기저기 돌아다니다가도 언제나 공터로 돌아왔고,
번식기가 아니면 대개 공터에서 시간을 보냈다. 점순이
세상을 떠나고 얼마 뒤 공터 주변에 머물던 흰눈이 공터로
돌아왔고, 토토와 함께 생활했다.

뒷산에 구청에서 제공한 고양이 급식소를 마련했다.
고양이들이 이제는 산으로 올라왔고 그곳에서 1년 남짓
안정적으로 지냈다. 봄에 개나리, 진달래, 조팝나무 꽃이
차례로 피면 고양이들과 함께 꽃비를 맞았고, 여름이면
고양이 대신 산모기에 뜯겼다. 가을엔 밥자리를 치우고
있으면 고양이들이 낙엽 바스락거리는 소리와 함께
다가왔다. 모든 것이 꽁꽁 얼어붙는 겨울은 혹독했다.
보온병에 담아간 따뜻한 물에 습식사료를 말아주었다.
　　해가 바뀌면서 본격적으로 주민들이 떠나기 시작했다.
사람이 떠나고 먹을 것이 줄어들자 배고픔을 이기지 못한
고양이들은 길을 걷다가 쓰러져 죽었다. 또다시 겨울이
가까워지면서 남은 가구는 두 손으로 꼽을 정도가 되었다.
재건축조합이 고용한 안전요원과 공가관리자 들은
고양이를 조금도 신경 쓰지 않거나 함부로 대했다. 내부를
제대로 확인하지 않고 공가를 폐쇄한 탓에 고양이들이
건물 안에 갇히는 일이 종종 발생했다. 꺼내달라고 악을
쓰는 고양이 소리를 우연히 듣게 되면 살릴 수 있었지만,

소리를 듣지 못해서 아니면 영문도 모른 채 소리 한번 내지 못하고 추위에 떨다 죽은 고양이가 얼마나 많을까. 그런 위험에 처했다가 간신히 구조된 고양이들은 더는 건물에 들어가지 않았지만 대신 혹독한 추위를 맨몸으로 버텨야 했다. 겨울집도 한파에는 소용이 없었다. 한동안 겨울집에서 동사한 고양이들을 뒷산에 묻어줘야 했다.

사람 발길이 점점 끊기자 공터 주변에 머물던 고양이들이 동네 곳곳을 쏘다니기 시작했다. 그러나 안전요원들의 괴롭힘 때문인지 검은 옷을 입은 남자들만 보면 몸을 바르르 떨며 숨어 지내다가 결국 다시 공터와 뒷산으로 피신했다. '둔촌냥이' 활동가들이 그랬듯 나도 체계적으로 이주계획을 세우고 싶었으나 방배동에만 재건축 승인을 받은 구역이 열 군데가 넘었다. 고양이들이 사는 날까지 어떻게든 이곳에서 버틸 수밖에 없다.

2022년 현재, 나는 방배동 고양이 18마리를 돌보고 있다. 그중 애미의 자손은 흰눈과 토토뿐. 그들은 엔들링인지도 모른다. 한 종의 마지막 남은 개체를 의미하는 단어 '엔들링'(endling). 흰눈과 토토가 고양이 종의 마지막 개체는 아니지만 적어도 내게 흰눈과 토토는 애미의 엔들링이다. 애미에게 물려받고, 살면서 터득한 생존 능력은 그들의 삶이 끝날 때 사라질 것이다.

여전히 공터에서 살아가길 고집하는 흰눈과 토토를

위해 내가 할 수 있는 일은 본격적인 철거가 시작되기
직전까지 그들이 원하는 대로 살아가게 하는 것이다. 철거가
시작되면, 그래서 더는 버틸 재간 없어지는 때가 오면,
그때는 부디 내 도움의 손길을 받았으면 하는 바람이다.

공터에는 이제 애미도 점순도 도찌도 도나도 도도도
모찌도 모나도 모모도 없지만, 사람의 눈을 피해 이 혹독한
환경에서 살아남은 고양이들이 있다. 낑, 두부, 태비, 노랭,
탱글, 마마, 하하, 호호, 동키, 미미, 카미, 메리, 코점, 라리,
호수, 우디. 열여섯 고양이 대부분은 나에게 그다지 관심이
없고, 고양이답게 고양이들 사이에서 매일매일 해야 할 일을
하는 데에만 열심이다. 더 좋은 먹이를 구하러 돌아다니고,
쾌적하고 안전한 거처를 찾아다니고, 가끔은 서로 경쟁하고,
적당히 눈치를 보며 어울려 지내고 또 밀어내기도 하는
모습을 보려고 나는 먼 길을 마다하지 않고 온다.

방배동에 살면서 고양이들과 보낸 시간은 고작 2년,
이제는 방배동 재개발구역의 고양이 돌보는 일을 7년째
하고 있다. 사람들은 말한다. 고양이를 '위하는' 마음이
대단하다고. 하지만 나는 대단한 마음으로 가는 것이
아니다. 고양이의 삶을 그저 있는 그대로 존중하고 싶었다.
그래서 이 일을 계속했다. 사람들은 묻는다. 왜 이 일을
계속하느냐고. 고민 끝에 찾은 답은 하나다. 고양이에게
밥을 안 줘도 되는 세상을 만들고 싶어서다. 당연히
고양이를 집으로 데려가서 돌봐야 한다는 뜻이 아니다.

정확히는 사람이 밥을 주지 않아도 고양이가 고양이답게 지내며 밥을 먹고 살아갈 수 있는 세상을 만들고 싶다.

고양이가 고양이답게 살아갈 수 있는 세상에서 고양이는 그저 살아가는 일만으로 존중받을 것이다. 고양이가 존중받는 세상에서는 목숨이 위급한 상황에서 고양이에게 밥을 주고 물을 주는 내 행동도 존중받을 수 있을 것이다. 내가 고양이를 돌본다는 이유로 혐오 발언을 듣지 않아도 되는 세상에서는 사람들이 나이와 성별과 종에 상관없이 다른 생명을 존중할 것이다. 고양이에게 밥 주는 일의 의미를 가볍게 여기지 않을 것이다.

사람의 일도 고양이의 일도 결국 하나의 의미로 수렴된다. 일방적으로 만들어진 틀에서 벗어나 각자가 원하는 방식으로 살아가야 한다는 것, 이를 위해 도전하고 싸우고 때론 위험을 무릅써야 한다는 것. 그렇게 모든 생명이 하나의 엔들링으로 살아갈 수 있는 세상이 오길 바란다. 그리고 나는 내가 캣맘의 엔들링이면 좋겠다.

장소

서울시 서초구 방배동

관찰 기간

2015년 5월 ~ 2017년 9월

등장 고양이

애미, 네로, 방자, 새끼고양이1, 새끼고양이2, 점순, 흰눈,
아빠고양이, 늙은 고양이, 잘생긴녀석, 누렁, 새끼고양이3,
장군, 노랭, 낑, 잭슨, 카오스 고양이, 새끼고양이4,
새끼고양이5, 헬멧, 노란 고양이, 라이언, 모나, 모모, 모찌,
도나, 도도, 도찌, 토토

등장인물

단단, 단단의 가족, 옆집 부부, 아랫집 부부, 지나가는
아주머니, 쇠막대를 휘두르는 아저씨, 초등학생 남자아이,
팻말을 설치하러 온 공무원 3명, 잘생긴녀석을 돌보는 캣맘,
낑이를 돌보는 캣맘, 미용실 사장님, 미용실 손님들, 포획 틀을
빌려준 동네 캣맘, 공터의 작물을 훔쳐간 등산객들,
구청 공원녹지과 공무원, 청소행정과 공무원 3명, 공터 청소를
하러 온 인부 5명, 점순의 자식들 임시보호자, 새로 이사 온
아랫집 모녀, 이사를 떠날 때쯤 인사를 나눈 주민들

2015. 5.	창문 앞에 나타난 고양이 가족에게 먹이를 던져주다
	새끼고양이들에게 **방자**와 **네로**라는 이름을 지어주다
2015. 6.	어미고양이와 낯선 고양이의 교미
2015. 7.	네로 죽다
2015. 8.	방자 죽다
2015. 9.	사라졌던 어미고양이가 새끼고양이 네 마리와 돌아오다
2015. 10.	빗속에 홀로 남은 새끼고양이를 어미에게 데려다주다
2015. 11.	새끼고양이 넷 중 **둘**이 사라지다
	고양이 가족에게 **애미, 흰눈, 점순**이라는 이름을 지어주다
	창문에서 장대로 밥을 주다
	세 모녀를 공격하는 **동네고양이**들을 쫓아내다
	흰눈과 점순, **아빠**를 만나다
2015. 12.	흰눈과 점순, 첫눈을 밟다
	다산콜센터에 공터의 용도 문의
	공터가 공원부지라는 서초구청 공원녹지과의 답변을 받다
	애미가 흰눈과 점순 앞에 죽은 쥐를 물어다 놓다
2016. 1.	애미, 밥자리에 나타난 **늙은 고양이**에게 먹이를 양보하다
	잘생긴녀석 등장, 밥자리에 끼어들더니 공터 근방에 눌러앉다
	집 근처 골목에서 잘생긴녀석을 돌보는 동네 캣맘을 만나다
2016. 2.	**누렁**과 흰눈의 교미
2016. 3.	옆집 아주머니, 텃밭 농사 시작
	애미와 흰눈의 밤마실

잘생긴녀석의 공터 침범

옆집 부부, 텃밭에 울타리 설치

2016. 4. 옆집 아주머니, 고양이들이 지내는 지하실 입구를 벽돌로 막다

옆집 아저씨가 고양이 밥자리를 뒤엎다

고양이 밥자리를 공터 옆 골목으로 옮기다

점순은 쓰레기를 뒤지고, 흰눈은 집 앞으로 찾아오다

옆집 부부, 밤마다 텃밭 감시

점순과 누렁의 교미

밥자리를 원래의 자리로 옮기다

2016. 5. 흰눈의 첫 번째 출산

공터를 나선 애미, 며칠 동안 안 보이다

아랫집 아저씨가 점순에게 돌멩이를 던지다

애미가 공터로 돌아오다

옆집 아저씨가 또 밥자리를 뒤엎다

구청에 공원부지 안내문 설치 재요청

구청에서 '경작금지' 팻말 다섯 개 설치

점순과 누렁의 교미

누렁이 잘생긴녀석을 쫓아내다

아랫집과 옆집의 뒷담화

구청 게시판에 그간 공터에서 일어난 사건들을 올리다

담당 공무원, 공터와 뒷산 조사

흰눈, 두 자식과 첫 외출

새끼고양이 **한 마리**가 사라지다

잘생긴녀석의 공터 침범

애미, 흰눈, 점순, 공동육아 체제 돌입

흰눈의 남은 자식에게 **장군**이라는 이름을 지어주다

애미, 또다시 공터를 침범한 잘생긴녀석을 내쫓다

2016. 6. 흰눈, 장군을 데리고 보금자리 이사

공터 길목에 잘생긴녀석의 밥자리 마련

아픈 장군을 병원에 데려갔다가 방사, 밤사이 장군 죽다

흰눈, 장군이 머물던 자리를 맴돌다

옆집에서 흰눈과 점순에게 물을 끼얹다

노랭, 흰눈을 두고 누렁과 싸우다. 누렁이 이기다

누렁과 흰눈의 교미

집 근처 골목에서 만난 오렌지색 고양이에게 밥을 주다

오렌지색 고양이를 **낑**이라 부르는 윗동네 캣맘과 마주치다

고양이 급식소가 있는 동네 미용실에 찾아가다

미용실 밥자리의 터줏대감 **잭슨**과 만나다

2016. 7. 재건축조합 설립인가

2016. 9. 흰눈의 두 번째 출산

변비에 걸린 흰눈을 위해 닭고기를 고다

애미가 먹은 것을 토해내면 흰눈이 먹다

윗동네에 사는 **카오스 고양이**가 밥자리에 몰래 찾아오다

점순, 카오스 고양이에게 밥만 먹고 떠나라고 경고하다

흰눈의 두 번째 자식들 첫 외출

구청에서 공원부지 정리 지연 통보

흰눈, 자식들 앞에서 사마귀 사냥을 선보이다

잘생긴녀석, 공터 침범

부동산에 집을 내놓다

2016. 10. 애미가 잘생긴녀석의 영역을 찾아가 혼쭐을 내주다

흰눈의 자식 두 마리 중 **한 마리** 죽다

흰눈, 남은 자식을 데리고 보금자리 이동

구청에서 공원부지인 뒷산 정리 작업 시작

오른쪽 다리에 부상을 입고 나타난 흰눈

잘생긴녀석, 또다시 공터 침범

흰눈의 남은 자식 **한 마리**도 죽다

잘생긴녀석과 삼색 고양이 **헬멧**, 흰눈과 점순 공격

애미, 두 딸을 데리고 공터의 다른 구역으로 거처 이동

2016. 11. 흰눈, 온종일 사라지다

고양이들의 겨울집을 만들다

구청에서 예산 문제로 추가 정비 중단 통보

밤사이 구청 게시판에 민원을 올리다

집으로 찾아온 담당 공무원에게 공터 상황 설명

애미, 공터를 벗어나 동네 배회

청소행정과에서 나와 공터에 쌓인 쓰레기 수거 및 울타리 설치

부상을 입고 찾아온 누렁

	점순, 애미와 붙어 지내면서 흰눈과 거리 두다
2016. 12.	헬멧, 흰눈을 공격하다
	구청에서 공터에 이팝나무와 조팝나무를 심다
	애미와 점순, 둘이서 함께 지내기 시작
2017. 1.	잘생긴녀석을 돌보는 캣맘에게 동네 캣맘들의 정보를 얻다
	애미와 헬멧의 기싸움에서 애미가 이기다
	점순과 잘생긴녀석 타협하다
	흰눈과 누렁의 이별
	점순과 노랭, 서로를 탐색하다
	애미가 온종일 안 보이다
	애미, 잠시 돌아왔다가 점순과 떠나다
2017. 2.	지역 캣맘협회에 연락해 포획 틀을 빌리다
	흰눈을 포획했다가 새벽에 놓아주다
	점순 혼자 돌아오다, 노랭과 교미
	진회색 고양이 까망과 점순 교미
	점순과 잘생긴녀석, 코인사로 연맹을 맺다
	점순과 **윗동네 노란 고양이**의 기싸움. 점순 이기다
	자정이 넘으면 흰눈이 집 앞으로 찾아오다
	흰눈, 집 안 거실까지 들어오다
2017. 3.	점순의 입덧
	까망의 다른 이름이 **라이언**인 것을 알게 되다
	공터 주변을 떠돌던 흰눈이 공터로 돌아오다

잘생긴녀석이 공터를 침입한 헬멧을 내쫓다

2017. 4.   흰눈의 세 번째 출산

점순의 첫 출산

흰눈, 자식들을 데리고 영역 이동

2017. 5.   서초구 캣맘들과 교류 시작

흰눈의 자식들에게 **모찌**, **모모**, **모나**라는 이름을 지어주다

흰눈, 자식들과 두 번째 보금자리 이동

집 매매 성사 및 이사 날짜 확정

2017. 6.   점순의 자식들에게 **도찌**, **도도**, **도나**, **토토**라는 이름을 지어주다

흰눈, 공터 길목의 밥자리에 찾아온 라이언을 내쫓다

창문과 공터를 잇는 다리를 놓다

점순 가족이 다리를 건너와 밥을 먹다

점순의 자식들을 포획해 임시보호처에 맡기다

점순을 포획해 중성화수술을 시키다

2017. 7.   임시보호처에서 지내던 토토가 아파서 병원에 데려가다

퇴원한 점순과 임시보호 중이던 자식들을 공터에 풀어주다

점순, 자식들에게 다시 젖을 물리다

창문에 다시 다리를 놓다

이사 준비. 창문 너머 밥자리를 치우고 꽃을 심다

공터에서 벌어진 사건들을 문서로 정리하여 주민들에게 전달

미용실 사장님과 고양이 급식소 마련을 위한 준비 시작

모찌, 모모, 모나 밤마다 골목을 돌아다니다

알라딘 북펀드 후원자 명단

감이, 강경욱, 강세린, 고무지, 공정원, 구구, 권무순, 권오현, 권은비, 김도영, 김동수, 김민하, 김바다, 김백하, 김상범, 김수경, 김연경, 김진호, 아란, 예린, 김현, 꿈꾸는지니, 꿈마, 남준현, 냄통윤탱, 다람쥐, 도레언니 신아, 두두언니, 또또, 메이(유명희), 문아영, 박경륜, 박규림, 박민, 박수희, 박수희, 박임당, 박종현, 백종인, 별바람, 삼순&자몽, 서보경, 서현람, 손영숙, 손윤서, 송다금, 수북, 수연봄여름가을등관♥, 신민재, 신윤선, 심성은, 심윤수, 심재수, 앎, 여경미, 연사인, 연혜원, 연희연남, 오네긴, 오동이, 오현지, 올블랙냥 동산, 옴애, 우다다, 우주상자, 움직씨, 원새록, 유선 지로, 유현정, 이경민, 이명주, 이수정, 이슬기, 이일삼, 이오구오흑오네오엄마, 이원재, 이정임, 이주효, 이지연, 이파리, 이희진, 임재연, 장순주, 정광식, 정상빈, 정용욱, 정원책방, 조이스박, 조정은, 존 골트, 주선미, 주호, 쥰젠메이, 지켜고양이, 쪽프레스, 천현정, 최윤경, 최은유, 최쿠마, 표현, 푸른나비, 한정선, 허석환, 허수희, 호떡왕자서효석, 홍진희, 황예진, 황효진, 후추와호두, 희망 외 20명

단단

시각예술가. 주로 공공미술 작업을 한다. 특정 지역을 연구하고
지역 주민들과 미술을 매개로 소통하면서 시민 참여형 미술
프로그램을 개발해왔다. 30년을 산 방배동에서 불현듯 고양이
가족이 눈에 들어온 이후 동네고양이를 돌보기 시작했다.
밥자리를 마련하는 것에서 그치지 않고 고양이들의 행동과
감정을 이해하기 위해 관찰과 기록에 시간을 쏟았다. 이 책은
그 결과물이다. 방배동 재개발로 이사를 한 다음 날부터 일주일에
세 번씩 경기도 김포와 서울 방배동을 오가며 여전히 고양이들을
살피고 있다.

사람의 일, 고양이의 일
방배동 고양이 일가를 쫓다

단단 지음

초판 1쇄 인쇄   2022년 6월 17일
초판 1쇄 발행   2022년 6월 27일
ISBN   979-11-90853-29-3 (03300)

발행처   도서출판 마티
출판등록   2005년 4월 13일
등록번호   제2005-22호
발행인   정희경
편집   전은재, 서성진, 박정현
디자인   조정은

주소   서울시 마포구 잔다리로 127-1, 8층 (03997)
전화   02. 333. 3110
팩스   02. 333. 3169
이메일   matibook@naver.com
홈페이지   matibooks.com
인스타그램   matibooks
트위터   twitter.com/matibook
페이스북   facebook.com/matibooks